本手册获 2021 年上海高水平地方高校建设项目资助

经济合作与发展组织渔业管理者手册

政策制定的原则与实践

邹磊磊　译

经济合作与发展组织（OECD）　著

中国海洋大学出版社

·青岛·

图书在版编目(CIP)数据

经济合作与发展组织渔业管理者手册/经济合作与
发展组织(OECD)著;邹磊磊译. —青岛:中国海洋
大学出版社,2021.11
　　ISBN 978-7-5670-3025-1

Ⅰ. ①经⋯　Ⅱ. ①经⋯ ②邹⋯　Ⅲ. ①渔业管理—世
界—手册　Ⅳ. ①F316.4-62
　　中国版本图书馆 CIP 数据核字(2021)第 254267 号

出版发行	中国海洋大学出版社
社　　址	青岛市香港东路 23 号　　邮政编码　266071
出 版 人	杨立敏
网　　址	http://pub.ouc.edu.cn
订购电话	0532-82032573(传真)
责任编辑	付绍瑜　　　　　　　电　话　0532-85902533
印　　制	日照日报印务中心
版　　次	2022 年 8 月第 1 版
印　　次	2022 年 8 月第 1 次印刷
成品尺寸	210 mm ×285 mm
印　　张	8.00
字　　数	150 千
印　　数	1—1 000
定　　价	39.00 元

本手册中出现的观点与论据不代表经济合作与发展组织或其成员国政府的官方观点。

本手册涉及的文件及地图不损害任何国家与地区的领土地位与主权，不影响任何国际分界线与边界线的划定以及任何领土、城市或区域的命名。

请按照以下格式引用本手册：
经济合作与发展组织．经济合作与发展组织渔业管理者手册：政策制定的原则与实践．邹磊磊，译．青岛：中国海洋大学出版社，2022.

以色列的统计数据由以色列相关当局提供并负责。使用经济合作与发展组织提供的此数据不损害国际法规定的戈兰高地、东耶路撒冷以及约旦河西岸地区定居点的法律地位。

图片来源：Cover © iStockphoto.com/Kirstypargeter; © iStockphoto.com/Tanor.

请登录网站 www.oecd.org/publishing/corrigenda. 搜索经济合作与发展组织出版物的更正和修订。

前　言

　　渔业面临诸多挑战。尽管该产业已在过去的实践中取得重大发展,但是全球渔业仍然存在通病:大量鱼类种群处于枯竭或过度捕捞的状态,捕捞产能处于过剩的状态。政策制定者和渔民逐渐意识到采取行动使渔业可持续发展的必要性。但是渔业可持续发展的道路既漫长又艰难。为了实现这一目标,渔业管理者必须挑战以往先入为主的观念,接受新观念,并邀请更广泛的利益相关者参与管理制度的制定。同时,渔业管理者必须谨慎平衡渔民就业和盈利等短期问题与可持续发展等长期问题之间的关系。

　　本手册借鉴了经济合作与发展组织十年的渔业政策制定经验,明确了渔业面临的挑战和相应的解决方案。执行一致的管理原则将有助于渔业实现可持续发展——这是本手册秉承的宗旨。在渔业管理制度中,最重要的原则是利用市场措施解决问题,并确立一个开放、包容的政策发展过程。尽管大多数国家已经非常熟悉并运用上述原则,但是仍然有一些国家还在努力将这些原则纳入本国的渔业管理体系中。

　　渔业改革正在进行。目前经济合作与发展组织已积累了许多通过鱼类种群重建与渔业改革实现盈利与可持续发展的成功案例,但是还有许多工作亟待完成。未来,经济合作与发展组织将致力于确立促进渔业可持续发展的政策和措施,使其能平衡经济、环境和社会目标。本手册鼓励读者关注经济合作与发展组织目前的工作,特别是经济合作与发展组织提出的绿色增长战略和该组织渔业委员会为全球渔业可持续发展所做的工作。

　　您可以通过访问网站 www.oecd.org. 了解更多关于经济合作与发展组织的信息。

目　　录

表　　录

经济合作与发展组织渔业管理者手册：政策制定的原则与实践

图　　录

缩　略　语

CSR	企业社会责任（Corporate Social Responsibility）
DEFRA	环境、食品和农村事务部（英国）〔Department for Environment, Food and Rural Affairs（UK）〕
EEZ	专属经济区（Exclusive Economic Zone）
FAO	联合国粮食及农业组织（Food and Agriculture Organization of the United Nations）
FoS	海之友（Friends of the Sea）
IQ	个体捕捞配额（Individual Quota）
ITQ	个体可转让配额（Individual Transferable Quota）
IVQ	个体渔船配额（Individual Vessel Quota）
IUU	非法、未报告和无管制捕捞（Illegal, Unreported and Unregulated Fishing）
LL	有限许可（Limited Licence）
MEY	最大经济产量（Maximum Economic Yield）
MSC	海洋管理委员会（Marine Stewardship Council）
MSE	管理战略评估（Management Strategy Evaluation）
MSY	最大可持续产量（Maximum Sustainable Yield）
NPV	净现值（Net Present Value）
RBM	基于权利的管理（Rights-based Management）
RFMO	区域性渔业管理组织（Regional Fisheries Management Organizations）
ROI	投资回报率（Return on Investment）
TACs	总允许捕捞量（Total Allowable Catches）
TAE	总允许捕捞努力量（Total Allowable Effort）
TC	总成本（Total Cost）
TURF	基于渔业水域使用权（Territorial Use Rights in Fisheries）

执 行 摘 要

过去,渔业管理科学主要探索提高渔获量和共享海洋资源的有效手段和途径;目前,渔业管理科学还探索有限渔业资源的最佳管理举措,同时关注这些举措对环境以及其他渔业利益相关者的影响。渔业管理科学认为制定管理制度时还应把消费者因素考虑进去,因为消费者对其所购买的渔产品的可持续性的关注度日益提升。

多年以来,经济合作与发展组织(Organization for Economic Co-operation and Development, OECD)渔业委员会(Committee for Fisheries)针对渔业政策和渔业管理开展了大量研究。本手册将这些研究发现整理成书,以帮助各国的渔业管理者在保护海洋环境的前提下最大限度地发挥渔业的经济和社会价值。

实际上,现在已经有大量出版物供渔业管理者参考,例如联合国粮食及农业组织(Food and Agriculture Organization, FAO)于 2002 年出版的技术手册——《渔业管理者指导手册》(*Fishery Manager's Guidebook*)。本手册并非在重复这些信息;相反,本手册阐述了先进的渔业管理政策制定的细节,填补了上述出版物缺失的信息。因此,本手册特别适合以下人员阅读:

- 参与政策制定和完善的渔业管理者;
- 地方、国家或区域范围内的渔业管理者;
- 对渔业政策制定有兴趣的渔业界人士、环境保护组织及其他非政府组织的相关人员。

本手册根据经济合作与发展组织渔业委员会过去几年的研究发现所撰写,旨在提供有关渔业管理的最新理念。最重要的是,本手册向渔业管理者提供制定渔业管理目标和有效政策举措的参考建议。

渔业管理者需要确立广泛的管理目标

渔业资源的价值由其对公共目标的支持能力所决定。渔业所支持的公共目标具有高度多样性,比如:提供经济增长和就业机会的经济目标,扶持农村社区的社会目标,提供高质量海洋栖息地和海岸带的环境目标。对渔业管理者而言,尽管渔业管理的首要职责是鱼类种群管理,但是渔业管理者也必须认识到实现其他公共目标的重要性。本手册将讨论公共目标的作用以及有效制定和实施渔业政策的途径。

良好的鱼类种群管理是取得成功的关键

渔业管理者最重要的职责是鱼类种群管理。因此,渔业只有在鱼类种群保持健康且可持续时才能为公共目标做出贡献。此外,崩溃的渔业将面临混乱和危机,需要开展高成本的重建行动进行修复,所以崩溃的渔业意味着会消耗巨大的社会成本。负责任的政策制定者不仅需要确定可持续、科学、谨慎的鱼类种群养护目标,还要建立有效的目标落实机制。本手册将介绍成功的鱼类种群管理措施。

良好的渔业管理政策需要包含渔民激励措施

如果渔业政策忽视经济力量与动机的重要性,那么该政策的有效性将被质疑,渔民将承担政策失败的代价。政策失败带来的后果体现在各个方面,比如:管理举措导致"竞争性捕捞",渔民转产转业计划未能解决产能过剩问题,管理举措无法有效控制渔获量。通过协调渔民利益和管理目标之间的关系,理解和利用利益相关者的经济利益可以有效解决渔业难题。本手册提供了实施以市场为基础的渔业管理政策的有效路径。

管理体系决定渔船队结构

渔船队的规模和配置一直是渔业管理的关注事项。在一些情况下,管理者通过渔民转产转业计划减少捕捞产能过剩,在另外一些情况下,则通过法律法规限制渔船队的整合。本手册指出了经济因素对渔船队结构的影响,说明产能管理措施发挥有效作用的条件,也分析了解决捕捞产能问题的途径。

重建意味着渔业管理的焕然一新

重建枯竭渔业资源应实现渔业资源长期价值的最大化。为了谋求长期价值,任何重建计划都需经历短期的经济阵痛。协调这些相互矛盾的元素,需要实现公共目标和个体／产业目标之间的良好协作,确立共同目标,并就管理改革达成一致。开展渔业重建计划而需要采纳的管理体系很可能并不适合开展重建工作。本手册将明确重建计划中的关键问题,介绍使重建计划成功的最佳举措,并确定制订重建计划的五个步骤。

人为因素和政治经济状况塑造政策

包容、透明的政策执行过程是决定政策改革成功的关键因素之一,该过程需由利益相关方参与,并且获得他们对政策改革的认可和支持。此外,利益相关者不会被动等待政府行动,相反,他们会通过直接与政府沟通以及其他公共行为推进具体的政策改革。处理好渔业管理者以及利益相关者的关系能够真正有助于渔业管理的成功。让利益相关者在政策中发挥积极作用,在不牺牲管理有效性和其他公共目标的前提下实现与渔民经济生存能力相关的政策目标,这些都是减少改革成本的举措。本手册将列举与利益相关者开展合作的途径,及如何减少政策改革对渔民和其他利益相关者的影响。

协调一致政策收效佳

随着社会和经济的发展,渔业与其他经济产业的联系比以往更加紧密。此外,渔业政策将会影响其他产业的政策目标。同样,渔业还会受到贸易、发展和环境相关政策的影响。要协调跨部门和领域的政策十分具有挑战性,而且没有简单易行的途径。此外,完成这项任务要求有持续的沟通和密切的关注。本手册指出了明确目标和制定针对性政策以最大限度减少政策冲突的必要性,也强调了"政府各部门总动员"对制定协调一致政策的益处。

本书共九章。第一章介绍渔业管理的目的、途径、裨益和受益者。第二章回顾渔业管理相关的重要经济概念和理论概念。第三章探讨捕捞产能过剩问题以及可能的解决措施。第四章列举各个渔业管理工具,重点介绍个体可转让配额在内的市场工具。第五章讨论重建和恢复渔业的途径及其经济意义。第六章介绍渔业改革中人的因素,重点关注调整渔民就业以适应渔业长远发展的途径。第七章讨论了渔业发展过程中与政策一致性相关的主要问题以及政策一致性在实践中的运用。第八章介绍了渔业认证问题。第九章对全书进行了总结,重申良好渔业管理的要素,并提供渔业政策自查清单,供全球渔业管理者制定渔业政策时参考使用。

第一章

渔业管理介绍

本章介绍了渔业管理的概念,讨论了渔业管理者的作用,并指出渔业管理成功的要素。本章强调了制定良好渔业政策的重要性,为之后章节中具体讨论渔业管理问题奠定了基础。

政策分析

● 有效政策具有很强的针对性,是为了实现明确设定的渔业管理目标而制定的。
● 卓越目标具有很强的明确性、可量化性和限时性。
● 评估可衡量的政策成果有助于缩短有效改革政策制定周期。
● 从更加广泛的视角看待渔业管理目标,采用更包容的方式制定政策,以确保渔业利益的
　最大化。

政策发展是一个周期性、持续性的过程——政策需要不断调整以适应新需求与新发展的要求,并且政策能够在如下过程中不断得到完善(图1.1)。因此,政策会随着利益相关者参与制定过程、形势变化和技术进步而不断调整。

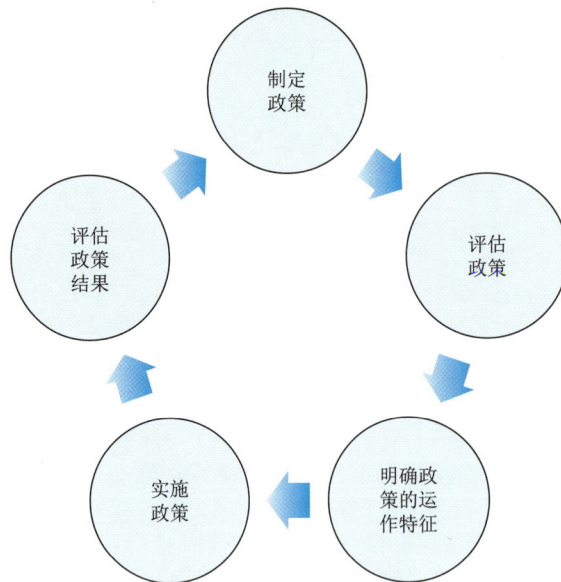

図1.1 政策发展周期

政策发展过程主要涉及五个步骤:

● 经过协商、反馈、政治驱动、专家和政府机构建议,确定政策中的要素,并最终制
　定政策目标。

● 评估现阶段政策的执行情况，从而实现第一步所制定的政策目标。完成该步骤，需要首先获取成本和收益的具体信息。

● 明确渔业管理新政策和新措施的运作特征，例如，采取市场措施、渔获量控制措施、财政补助模式等。

● 不断改进政策，并积极听取各方反馈意见，从而不断调整政策。在这个步骤中，利益相关者的参与也可以促进政策的调整和制定。

● 通过采取控制措施、开发信息体系来评估渔业在实现第一步制定目标中的成效。保证收集的评估信息的正确性是完成该步骤的前提条件。

仅有良好的政策设计远远不够。为确保政策改革有效开展，渔业需对改革保持开放的思想，克服改革面临的阻碍；同时，必须理解政策改革的必要性，并相信政策改革将带来裨益。利益相关者应当认识到自身在政策改革过程中的作用，并意识到政策改革下的全新渔业体系需要利益相关者做出牺牲并承担风险，而且政策改革最终为利益相关者和其他相关产业带来的裨益可以使他们做出的牺牲和承担的风险得到平衡（文本框 1.1）。在某些情况下，无论是出于公平起见还是实实在在地提供政府支持，在政策改革中做出牺牲的利益相关者应该得到补偿——无论他们是否选择继续从事渔业，都应该从为推进政策调整而制定的"辅助措施"中获益。

文本框 1.1　利益相关者有效参与政策发展过程的原则

1. **承诺**：政治家、高级管理者和公职人员等各界人士都应该具备领导力，并承诺打造开放和包容的政策制定过程。

2. **权利**：公民在政策制定过程中应该拥有知情权、协商权和参与权，这些权利必须通过法律或政策加以明确规定。政府对公民做出回应的义务也必须加以明确规定。独立监督对实现上述权利至关重要。

3. **明晰**：知情权、协商权和参与权的目标与限制必须在政策发展启动前就在法律或政策中加以明确规定。各方任务和责任必须明确。政府提供的信息必须完整、客观、可靠、易查找且易于理解。

4. **时间**：在政策制定过程中，应当尽早发动公众参与，以便广泛听取来自公众的解决方案，提高政策实施的成功率。同时，必须预留足够的时间，保证有效的公众协商和公众参与。

5. **包容**：所有公民都有平等的机会通过多种渠道获取渔业信息，进行渔业协商，并参与渔业管理。同时，应让尽可能多的公民参与其中。

6. **资源**：有效的公共宣传、协商和参与需要充足的财政、人力和技术资源的支持。必须对政府官员进行适当的技能提升、指导以及培训，同时要让各级政府机构具备使用传统和在线沟通工具的能力。

---

7. **协调**：在各级政府机构之间及内部协调公民知情权、协商权和参与权的执行，以确保该政策在各级政府机构的一致性，避免政策重复，并减少"协商疲劳"的风险。统筹协调要保证不打击公民参与政策制定的主动性和创新性，应该充分发挥知识网络的力量，并充分利用政府内外实际参与者的实践经验。

8. **责任**：政府有责任通知参与者在公众协商和参与过程中运用获知信息的途径。采取相关措施确保政策制定过程的公开性、透明度和外部可监督性，从而提高政府的问责性和信任度。

9. **评估**：政府应该评估自己在政策发展方面的表现。为了有效评估公众的参与度，政府应该尽力构建评估需求，提高执行政策发展的能力，发展政府机构的文化，开发相应的评估工具。

10. **公民的积极性**：充满活力的公民社会能够造福整个社会。政府可以改善信息获取的渠道，鼓励公民参与，提高公民意识，加强公民教育和技能培养，并支持民间社会组织的能力建设。政府应当不断拓展自己的职责，以有效支持公民、民间社会组织和企业自主解决问题。

参考文献

OECD Background Document for Meeting "OECD Guiding Principles for Open and Inclusive Policy Making", 2010, www.oecd.org/gov/46560128.pdf.

政策目标制定

确立明确的经济、社会和环境目标是制定良好渔业政策的第一步（图 1.2）。通常情况下，渔业管理即对鱼类种群的管理。但是，渔业管理和鱼类种群管理最终都是为了服务于基本的经济和社会目标。这些经济和社会目标将影响渔业资源对社会的价值，从而超越渔获量本身的价值，也超越渔民和加工者工资的价值。

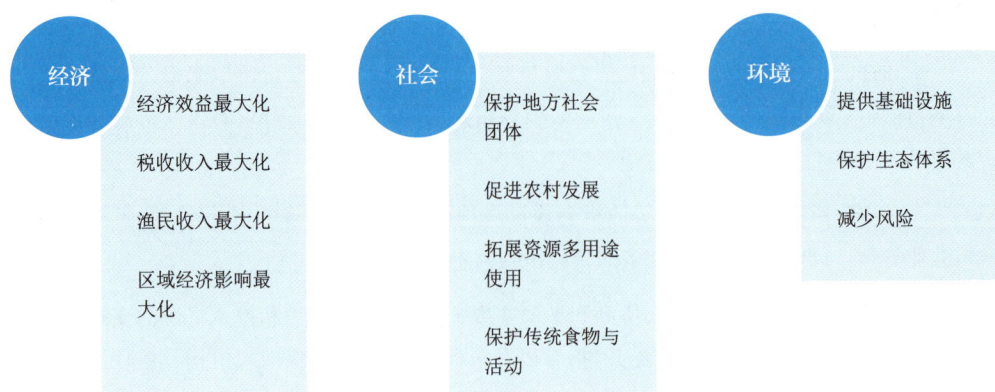

经济
经济效益最大化
税收收入最大化
渔民收入最大化
区域经济影响最大化

社会
保护地方社会团体
促进农村发展
拓展资源多用途使用
保护传统食物与活动

环境
提供基础设施
保护生态体系
减少风险

图 1.2　渔业管理的可行目标

　　然而,鱼类种群管理者最重要的任务就是管理鱼类种群。如果鱼类种群不能维持健康和可持续的发展水平,那么渔业最终将走向崩溃,同时政府制定的渔业目标也将无法完成。负责任的政策制定者应当制定可持续、科学、谨慎的鱼类种群管理目标。

　　通常情况下,渔业管理政策目标的定义模糊、难以理解,或者被其他既定目标淹没。造成这种情况的原因可能包括讨论和咨询不充分、易受政治压力的影响、政策不随着管理目标变化而变化。而阻碍良好政策制定的最后一个因素是**路径依赖**(Path Dependence)。如果政策目标不明确且不透明,就很难确定最有效的政策,也无法衡量渔业管理成功与否。

　　并不是所有的政策目标之间都相互兼容,因此明确政策目标(文本框1.2)是启动良好政策制定过程的另一个重要前提。同时实现两种相互冲突的目标十分常见,比如,在实现经济效率最大化的同时也保留传统的手工捕鱼方式。良好的政策制定过程需要权衡利弊,并适当作出妥协,从而提高整体**政策一致性**(Policy Coherence)。不良的政策制定过程会掩盖政策的分歧,并用模糊目标取代具体目标。

文本框1.2　如何平衡多个渔业管理目标之间的关系

　　"基于目标"的政策和管理决策(不仅仅渔业,其他产业也同样采取"基于目标"的政策和管理决策)需要具有涵盖所有政策目标的宽广视野。"基于目标"的政策和管理决策致力于将所采取的行动与所追求的目标结合起来,即把行动和政策层次结构下的所有目标(见图1.3)结合起来。虽然从某种意义上来说,这种政策和管理决策似乎仅仅是合理逻辑思维下的必然决策,但是它重新被管理者所推崇,这提示我们:政策和管理决策和社会目标相结合是非常重要的。

　　在实现多个渔业管理目标的过程中,必须关注两个现实问题。第一,建立多目标的同时会导致各个目标被不同程度地取舍。正如赫尔佐格(Hersoug,2006)所指出的:"……显然,鉴于目标之间存在矛盾,所以只有通过某些形式的妥协才能实现所有目标。例如,过多关注盈利能力会带来就业率下降问题,甚至会导致更为严重的渔业合法性问题。"第二,政府在追求多目标的过程中需要提高政策执行的效率。因此,渔业管理者应当对效率拥有宽广视野,即以最少的成本谋求最大利益(目标的实现需要渔业管理者有长远的眼光)。该观点有助于确定最佳渔业组合配置,例如多种用户群体(如从事商业渔业、休闲渔业和生计渔业的渔民)、多种经营规模(如小规模渔业和大规模渔业,或者手工渔业和工业渔业)、多种渔具类型的组合配置。除此之外,任何渔业作业群体或渔具类型都需要平衡投入,所有投入结合在一起将决定捕捞努力量(劳动力、资本、技术、管理和执行等)。所有的决策都取决于综合的社会目标以及渔业利益相关者实现这些目标的能力。

参考文献

① Charles, A.T. (2001), Sustainable Fishery Systems, Blackwell Science, London.

② Hersoug, B. (2006), "Chapter 3: Policy Coherence in Fisheries and Aquaculture: Possibilities and Constraints", in OECD(2006), Fishing for Coherence: Proceedings of the Workshop on Policy Coherence for Development in Fisheries, OECD, Paris, http://dx.doi.org/10.1787/9789264025301-en.

从本质上而言,目标制定过程也是政治过程。该过程展现了社会选择,意味着政策制定者在与渔业管理者和利益相关者进行协商或采取他们建议的情况下制定政策目标,同时,渔业管理者也会提出实现这些目标的最佳举措。尽管我们会根据实用性以及与既定原则之间的一致性来评估政策目标,但不同的政府有不同的关注重点,他们会选择适合各自政策目标的具体目标。

从本质上而言,目标最终由政府决定,但是其他个人和团体可以指出好的目标具有哪些特征。明确、可量化、有时限的目标才是好的目标。政府应当首先声明一般性原则,参考相关政策,保持执行力,以便用相关衡量手段来评估其政策成果(图1.3)。诸如"提高竞争力"这类的宽泛目标很难被量化,因此需要用更精确的描述来定义这些目标。确定实现目标的时间期限旨在展示时间的紧迫性,并确保政策的有效执行。未确定时间期限的目标将永远无法实现。

两个假设范例

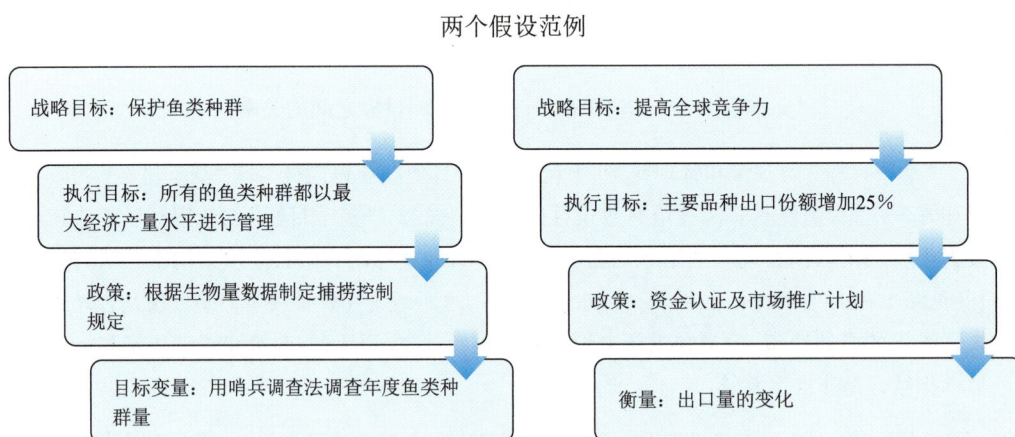

图 1.3　目标设定的层次结构

政策定位(Targeting)与政策匹配(Tailoring)

明确的政策目标为政策制定提供了可衡量的指标。如果没有指标,政策实现小成本高效益裨益的能力就会削弱。例如,大多数经济合作与发展组织成员国均在其渔业管理中执行燃油税减免政策,但是燃油税减免政策在提高渔民收入、增加捕捞努力量和保护小规模渔民等方面的作用令人存疑。从经济合作与发展组织掌握的情况看,这些成员国并不是出于明确的目标执行燃油税减免;这些成员国认为,燃油是决定渔业总成本的主要因素,同时这些成员国的其他政府部门也许会游说渔业部门,因此渔业部门不得不做出燃油税减免的政策决定。在不考虑政策目标的情况下作出政策决定,往往会导致政策制定的进程倒退。

在某些情况下,政策与操作目标之间息息相关,比如**总允许捕捞量(Total Allowable Catches,TACs)**和种群水平目标之间——尽管以总允许捕捞量管理渔业是很好的政策措施,但是却很难实施;而在其他情况下,政策只能间接影响目标,而且该间接影响还难以衡量,比如,提前退休计划以及对船舶长度或动力进行技术限制等结构性调整政策带来的影响总是难以衡量。

衡量过程

衡量目标的实现程度与在政策制定的最初阶段确定政策目标同样重要。只有对一系列渔业管理政策的结果进行衡量,并纠正表现不佳的政策,政策改革才能成功。这也是**适应性管理**(**Adaptive Management**)的核心要素(图 1.4)。

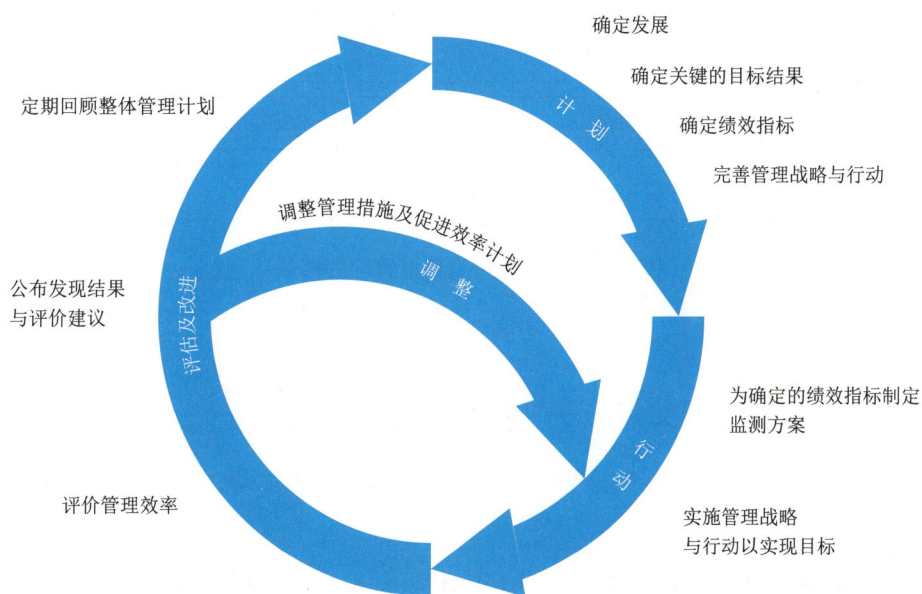

参考文献

CSIRO, www.cmar.csiro.au/research/mse/images/adaptive_cycle.gif.

图 1.4 适应性管理周期

优先事项和政策制定

虽然渔业管理者需要扩大政策目标范围,但是几乎在所有情形下,与其他任何因素相较而言,出色的鱼类种群管理都是决定渔业管理政策成功的关键因素。只有鱼类种群健康、繁殖率高且维持或接近最高可持续产量水平,才可以解决渔业管理者所面临的大部分政策问题。所以,实际上我们的认知在经过一个轮回后又回到了原点:过去,我们意识到渔业管理不仅仅是鱼类种群管理,现在我们仍然意识到,管理渔业资源仍然是渔业管理者最重要的工作(图 1.5)。大多数情况下,如果执行了良好的鱼类种群管理政策,就不需要制定特别的政策去实现更广泛的目标(或者说,良好的鱼类种群管理可以解决鱼类种群面临的绝大多数问题）。

渔业管理体系在鱼类种群管理中发挥着巨大作用，因为该体系决定了渔业政策的运作环境，所以其影响力超过了其他渔业政策。选择以投入或产出控制措施作为调节渔业的手段，可以决定面向渔民采取的激励政策。特别是，选择以投入或产出控制措施管理渔业，对渔业的开展以及渔民对激励政策的反应有着重要影响（文本框 1.3）。

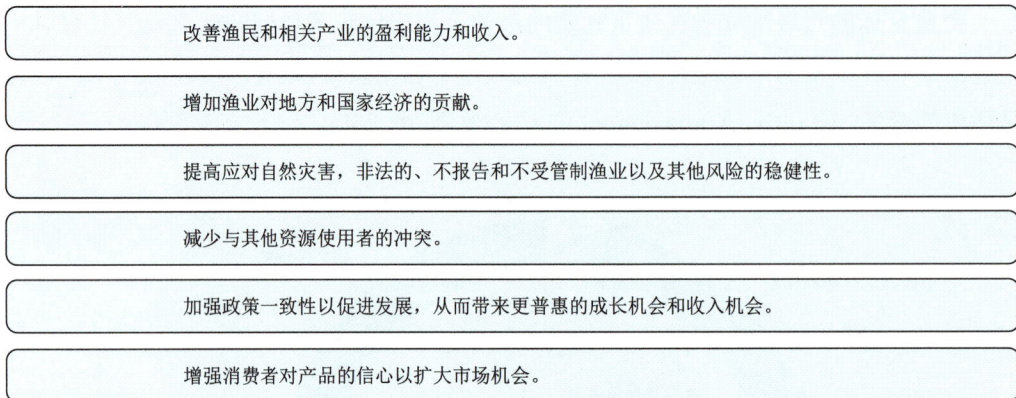

> 改善渔民和相关产业的盈利能力和收入。

> 增加渔业对地方和国家经济的贡献。

> 提高应对自然灾害，非法的、不报告和不受管制渔业以及其他风险的稳健性。

> 减少与其他资源使用者的冲突。

> 加强政策一致性以促进发展，从而带来更普惠的成长机会和收入机会。

> 增强消费者对产品的信心以扩大市场机会。

图 1.5 良好的鱼类种群管理的裨益

文本框 1.3 投入控制还是产出控制？

选择以投入控制或产出控制作为调节渔业的手段可以极大影响面向渔民采取的激励政策。

投入控制（Input Control，IC）即限制渔民的捕捞作业方式、捕捞作业时间以及他们所使用的渔具和渔船。投入控制通过限制渔民的捕捞策略而减少捕捞努力量，比如，限制捕捞作业天数、季节性休渔都是重要的投入控制措施。投入控制改变了时间、能源和资本等投入的相对回报率，意味着在体系限制下实现收益最大化的同时改变了渔民的抉择。

通常情况下，**产出控制**（Output Control，OC）可以有效减少捕捞努力量，产出控制的途径有很多，比如设置总体可允许捕捞量或个体配额。产出控制也经常与投入控制结合运用。由于产出控制很少限制渔民的捕捞策略，因此相同数量的渔获量可以获得更多利润。**基于权利的管理**（Rights-based Management，RBM）体系尝试将渔民利益与管理体系目标相结合，从而使体系更有效、更高效地运行，因此大量的产出控制体系都基于该理念（见第四章）。

从本质上说，投入控制始终依赖技术更新，并通过替代手段限制渔民产能，从而控制渔获量。产出控制通过制定可允许捕捞量限制渔获量。将产出控制与诸如个体可转让配额的可交易准入手段相结合，就可以有效降低产能，从而更好地平衡技术和产能经济过剩。

渔业管理的裨益

良好的渔业管理会带来诸多裨益。长远养护鱼类种群可以使种群资源为渔民和产业经济提供最大的价值。良好管理下的渔业可以保护生态,也可以维护海洋、淡水以及沿海地区的使用价值与非使用价值。而对于消费者而言,稳定的渔产品供应与低廉的渔产品价格让他们受益无穷。由于渔获后管理措施的有效执行(如改善质量管控、改善卫生与植物检疫卫生要求等),消费者可以享用到高品质的水产品。但是,并不是所有受监管的渔业都运营良好——统计数据显示,在鱼类种群管理上,遭遇失败的渔业案例多于成功案例(FAO,2010;见文本框 1.4)。

文本框 1.4 全球渔业状况

虽然对全球渔业状况进行评估存在一定的技术困难,而且目前并未对许多渔业进行定期评估,但是许多渔业都明显达到或超过了捕捞极限,这是不争的事实。联合国粮食及农业组织将种群状况分为以下几类。

未开发	适度开发	完全开发	过度开发	开发殆尽	恢 复
•具有增加捕获量的巨大潜力。	•处于低水平的捕捞努力量;具有增加捕获量的有限潜力。	•渔业产量处于或接近最佳水平,无进一步增长的空间。	•渔业资源的开发利用保持在长期可持续水平,没有进一步开发的空间,且鱼类资源面临枯竭的高风险。	•在任何捕捞努力量下,捕获量远低于历史水平。	•在过去,捕获量曾达到过最高点,之后鱼类资源枯竭,渔业崩溃,现在捕获量有所上升。

下图数据表明,全球鱼类种群状况严峻,特别是当我们看到很多鱼类种群已经被过度开发、开发殆尽或正处于恢复的状态,我们不得不提醒自己必须采取措施改善鱼类种群状况。但是,我们还是能看到一些好的迹象:截至 1995 年,维持在**最大可持续产量**(Maximum Sustainable Yield, MSY)水平的捕获种群比例有所增加;此外,近几年处于恢复中的鱼类种群比例(图中未显示)不断增加。然而,我们也看到,具有增长潜力的鱼类种群在不断减少,意味着世界捕捞产量的增长空间在不断缩小。

鱼类种群开发状况的全球趋势，1974-2009

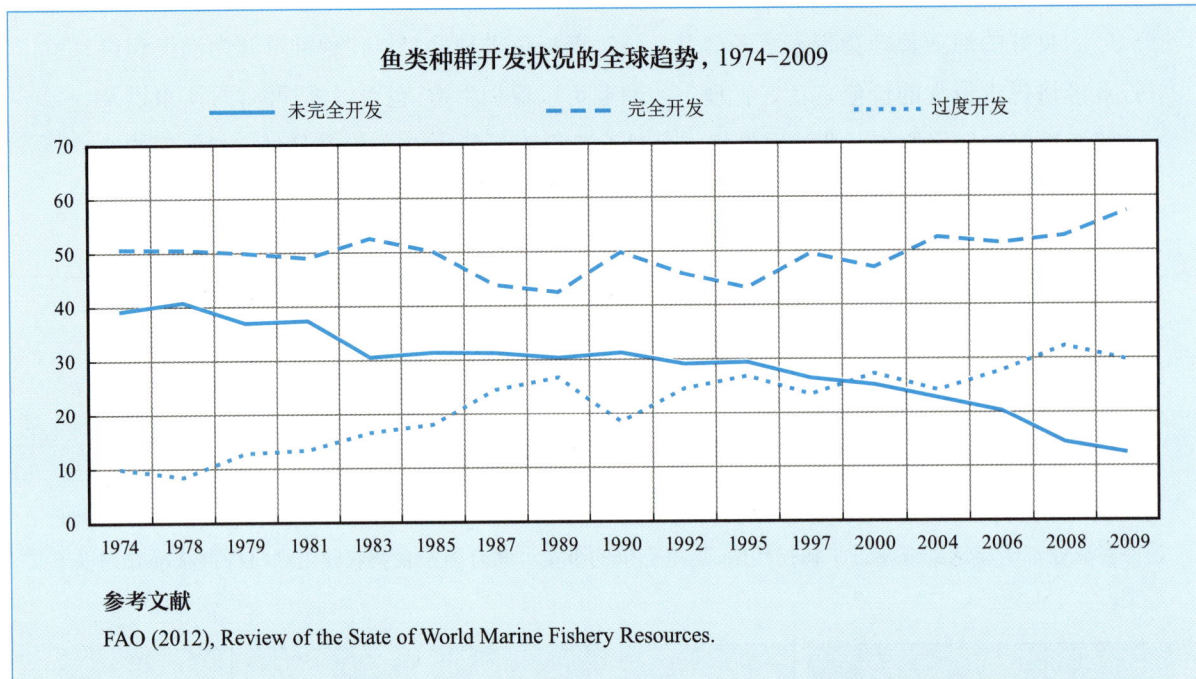

参考文献

FAO (2012), Review of the State of World Marine Fishery Resources.

与仅关注渔民利益的管理措施相比，渔业管理中的包容性措施将带来更广泛、更可持续的裨益。如果管理决策在保护其他非使用效益（例如休闲或经济价值）的同时，能够最大限度地提高渔业的社会和经济效益，这些决策也能够在根源上减少冲突，并提高渔业的长期价值。如果渔业管理者能够满足少数民族和原住民等不同群体的利益和习俗要求，那么这些群体也会从管理决策中受益。把上述社会目标考虑在内是负责任和可持续渔业管理的一部分。

表 1.1 经济合作与发展组织成员国渔业框架管理的主要特点

政策制定		负责开展			
		研究服务	管理服务	执法服务	利益相关者的参与
冰岛	渔业部	海洋研究所；渔业局（统计数据）	渔业部（设置总允许捕捞量）；渔业局	渔业局；冰岛海岸警卫队	与冰岛渔民协会和冰岛渔业联合会进行制度化磋商
新西兰	渔业部	渔业部与研究机构签订渔业研究合同	渔业部外包部分渔业管理服务（例如渔船登记等）	渔业部	根据渔业法规定，必须与所有利益相关者（包括商业渔业、休闲渔业、环境相关的利益相关者、毛利人）进行磋商；就规划、鱼类种群评估进行磋商；就渔业控制措施向渔业部长呈交建议；就渔业而言，利益相关者提供相应的渔业管理计划，计划必须接受评估，如果在评估通过后得到部长批准，计划将由渔业部门负责实施

续表

政策制定		负责开展			
		研究服务	管理服务	执法服务	利益相关者的参与
挪威	渔业部	海洋研究所；挪威海洋和水产养殖研究所	渔业部；渔业局	渔业理事会；海岸警卫队；销售组织	与挪威渔民协会和挪威渔业联合会进行制度化磋商
澳大利亚	中央政府接受来自澳大利亚渔业管理局（AFMA）意见	独立法定组织（渔业研究与发展公司）将研究外包给机构	独立法定组织（澳大利亚渔业管理局）	独立法定组织（澳大利亚渔业管理局）	通过澳大利亚渔业管理局管理咨询委员会和鱼类种群评估组织
加拿大	中央政府（渔业和海洋部，DFO）	政府实验室与高校；加拿大渔业和海洋部根据渔业和海洋科学咨询理事会、渔业资源保护理事会的建议确定研究的优先事项	加拿大渔业和海洋部	加拿大渔业和海洋部是执法服务的主要提供者；产业赞助的码头监测计划和费用分摊的海上观察员制度	产业代表参与的咨询委员会；一些共同管理和联合项目协议
欧洲共同体（欧共体）	主要通过欧盟委员会	欧共体通过框架计划协调渔业研究	欧共体制定的规则制度；由欧盟成员国执行	欧共体成员国	仅限于欧共体层面的渔业咨询委员会（产业和消费者）、经济及社会委员会；各国之间差别巨大
美国	马格努森－斯蒂文斯法案（Magnuson-Stevens Act）设定的远大目标，通过区域性渔业管理委员会确定区域渔业管理目标	美国海洋渔业局（NMFS）；研究所；高校；区域性渔业管理委员会	国家海洋渔业局	国家海洋渔业局负责码头执法；美国海岸警卫队负责海上执法	大部分通过区域性渔业管理委员会和海洋渔业委员会
日本	主要通过政府渔业部门	通过渔业研究机构（独立但隶属于中央政府）	通过区域性渔业统筹协调办公室指定的政府渔业部门	通过区域性渔业统筹协调办公室指定的政府渔业部门	部分通过渔业合作协会

续表

政策制定		负责开展			
		研究服务	管理服务	执法服务	利益相关者的参与
韩国	主要通过海事和渔业部（MOMAF）	通过海事和渔业部下属的国家渔业研究和发展研究所	通过渔业管理局和渔业资源局指定的海事和渔业部	通过渔业资源局指定的海事和渔业部；渔船管理处和国家海警处	无
墨西哥	主要通过农业、农村发展、畜牧业、渔业及粮食秘书处	国家渔业研究所	农业、农村发展、畜牧业、渔业和粮食秘书处	联邦环保局和国家水产养殖和渔业委员会	国家渔业和水产养殖商会；渔业合作社
土耳其	主要通过农业和农村事务部（MARA）	农业和农村事务部通过四家研究机构以及相关高校开展渔业研究	农业和农村事务部	农业和农村事务部	主要通过渔业生产者组织

参考文献

OECD (2003), The Costs of Managing Fisheries, OECD Publishing, Paris, http://dx.doi.org/10.1787/9789264099777-en.

关键见解

- 有效的渔业政策均具有针对性，以实现明确规定的渔业管理目标。
- 良好的渔业管理目标都是明确的、可量化的和有时限的。
- 可衡量成果的评价有助于推动有效改革所依赖的政策制定周期。
- 从更广泛的角度看待渔业管理目标，并在政策制定过程中采取更具包容性的视野，确保渔业为所有人带来最大利益。

相关术语

适应性管理（Adaptive Management）：指在不确定的状况下进行决策的一种结构化迭代过程，该过程旨在通过体系监控减少不确定性。

路径依赖（Path Dependence）：指当过去的政策对当前或新的政策制定产生重大影响的时候，出现对过去政策依赖的状况。当政策目标发生改变而政策措施不随之发生改变时，这种依赖就构成一个严重的问题。

政策一致性（Policy Coherence）：指不同的政策部门之间进行协作，从而有助于相关各部门制定出更强大的政策工具与政策产品。为了实现政策一致性，必须寻求不同政策部门之间的协同和互补，并积极解决不同政策领域之间的冲突，从而实现共同目标。

定位（**Targeting**）：是指政策针对特定的接受者，从而最大限度地提高效果并减少不必要的开支。

匹配（**Tailoring**）：是指确保政策努力水平与预期结果所需水平之间的匹配（避免过度激励或过度补偿）。

参考文献

1. Charles, A.T. (2001), Sustainable Fishery Systems, Blackwell Science, London.

2. FAO (Food and Agriculture Organization of the United Nations) (2010), The State of the World's Fisheries and Aquaculture 2010, Food and Agriculture Organization of the United Nations, Rome.

3. FAO (2002), "Fishery Manager's Guidebook – Management Measures and Their Application", K. Cochrane (ed.), Fisheries Technical Paper, No.424.B, Food and Agriculture Organization of the United Nations, Rome.

4. Love, P. (2010), Fisheries: While Stocks Last? OECD Insights, OECD Publishing, Paris, http://dx.doi.org/10.1787/9789264079915-en.

5. OECD (2009), Review of Fisheries in OECD Countries 2009: Policies and Summary Statistics, OECD Publishing, Paris, http://dx.doi.org/10.1787/rev_fish_pol-2009-en.

6. OECD (2006), Fishing for Coherence: Proceedings of the Workshop on Policy Coherence for Development in Fisheries, The Development Dimension, OECD Publishing, Paris, http://dx.doi.org/10.1787/9789264025301-en.

7. OECD (2003), The Costs of Managing Fisheries, OECD Publishing, Paris, http://dx.doi.org/10.1787/9789264099777-en.

8. Van Tongeren, F. (2008), "Agricultural Policy Design and Implementation: A Synthesis", OECD Food, Agriculture and Fisheries Papers, No. 7, OECD Publishing, Paris, http://dx.doi.org/10.1787/243786286663.

第二章

渔业管理经济学

制定渔业管理体系需了解该体系形成的经济激励方式,在这种情况下构建的渔业管理体系通常更高效,并且会促进所有利益相关方之间的合作。本章将讨论渔业管理和经济理论相重叠之处。

渔业管理是对不受管制渔业作出的回应,以阻止过度开发和渔业资源枯竭趋势——渔民开发共享资源而带来的经济激励是造成过度开发和资源枯竭的最重要原因。不同的管理方法将影响渔民在资源开发、渔船队性质等方面所采取的行动。

政策分析

● 在缺乏有效管理的情况下,渔民的个人经济利益驱动将引发过度捕捞和渔船能力过剩问题。

● 有效管理意味着,在考虑个人驱动力的作用和影响的同时,渔业管理者还需要在经济、环境和社会目标之间找到平衡点。

● 最大可持续产量(Maximum Sustainable Yield, MSY)和最大经济产量(Maximum Economic Yield, MEY)是渔业管理中两种比较有效的目标,但是它们都不完全涵盖渔业的社会效益。因此,渔业管理者应考虑渔业对消费者和整体经济的裨益。

● 限制准入是使渔船队捕捞能力持续降低的必要条件。但是仅仅限制准入并不足以确保渔民获得高额利润。超额利润倾向于在船只、许可证或配额的价值中实现资本化,使新参与者必须承担与增加利润相等的成本。最终,只有最初的受益人才能获得收益。

共享资源问题

大多数渔业都存在众多个体渔民捕捞同种鱼类的问题。鱼类种群是共享的公共资源。经济学中一个经典案例就是如何解决**"公共财产"**(**Common Property**)问题。加勒特·哈丁(Garret Hardin)于 1968 年撰写的《**公地悲剧**》(*Tragedy of the Commons*)是讲述"公共财产"问题最著名的书。"公共财产"或"公地悲剧"问题的关键在于渔民个人的理性行动将耗尽共享资源——即使渔民知道自己和其他资源使用者将是最终的受害者,他们还是会这么做。

我们以一个考虑从事渔业的渔民个体为例来解读"公地悲剧"的成因。如果该渔民的渔业收入高于其投入的成本,那么他就会选择从事渔业活动。对于渔民个体而言,成本通常就是直接成本,包括渔船的运营费用以及其他费用。但是,渔民个体的渔业活动实际上会产生额外成本,然而他却不需要承担这些额外成本。所有渔民个体的渔业活动都减少了剩余的鱼类种群的数量,进而增加了所有渔民的捕捞成本,因为他们现在必须投入更多的努力才能获得相同的渔获量。同时,渔业活动也增加了鱼类种群枯竭的风险,所以渔业活动最终对整个渔业造成的影响远远大于渔业活动对渔民个体的影响。

这表明造成渔业资源枯竭的原因并不是行为过失或者计算错误,而是渔民依个人利益行事的结果。因此,为了解决渔业资源枯竭问题,就需要通过渔业政策协调利益和行为之间的平衡。

准入与准出

上述关于共享资源问题的讨论很自然会引出渔业准入和准出问题,以及渔民如何选择进入、停留或离开特定渔业。"准入"指投资或参与某个产业的过程,而"准出"指出售或放弃资本并且不在某个产业进行生产的过程。

准入和准出是形成**经济均衡**(**Economic Equilibrium**)的重要过程。当达到经济均衡时,无人愿意单方面改变自己的行为。一个产业的自由准入和准出是不同产业之间利润实现平衡的机制。如果 A 产业可获得的利润比 B 产业高(或 A 产业获得利润的风险低于 B 产业),那么许多个体为了有机会获得更高利润将从 B 产业转到 A 产业(图 2.1)。A 产业生产者数量的增加将导致平均利润的下降,该过程将不断持续,直到两个产业的利润相同且无个体有转业的动力为止。因此,一个产业的高额利润在准入过程中会不断"消散"。

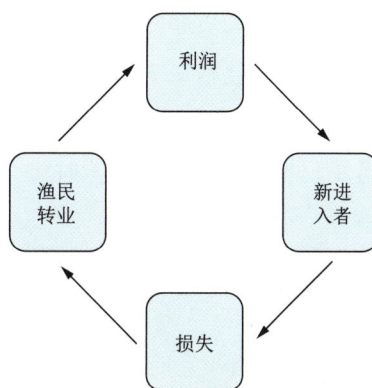

图 2.1　准入和准出

大多数情况下,准入和准出没有想象中容易。换句话说,如果针对某一个产业进行投资,并且交易资本市场薄弱,那么将资金投入或转出某个产业将更困难或更耗时。例如,出售某种类型的渔船可能面临的困难会更大。对于专业技能而言也是如此:如果劳动力难以获得特定产业所需的专业技能,并且这些专业技能无法应用于其他产业,那么劳动力将很难进入或离开这一特定产业。如果当地缺乏其他产业的工作机会,那么这些当地产业的利润或工资可能较低,而其他地方的产业的利润和工资则较高。例如,对于一个渔民来说,可能很难在一个小渔村找到除渔业之外更好的工作机会。但是如果他搬到城市,就可能找到更高工资的工作。如果该渔民还想留在小渔村,那么他必须放弃城市中的高薪工作并"献身"于渔业。

准入和准出的决策制定与渔业的相对盈利能力有关,而与渔业现有产能无关。即使渔船队的技术产能已经超出捕捞允许量所需的技术产能,人们仍然可以自由准入渔业,并最终造成**资本充盈**(Capital Stuffing),其中,渔业资本(渔船和渔具)的数量远远超过了捕捞可获得渔获量所需的数量。

最终,正如该产业劳动力在利润连续下降情况下不得不在其他产业寻找新的工作机会一样,人们在高额利润之下才有动力克服准入壁垒。惨淡或动荡的市场可能会延长准入和准出的决策时间,但是,"利润下降时出、利润上升时入"的规律并不会因为决策时间的延长而改变。

对渔业管理者而言,他们应该认识到,渔民的渔业准入和准出由他们自己的动机决定。当渔业可以提供比较高的利润时,渔民将进入渔业;当利润消失时,渔民会选择退出渔业。将保持渔业高利润作为政策目标在实践中很难实现,因为高额利润会吸引新的劳动力进入渔业,从而消化高额利润。此外,如果没有有效的准入限制政策,调整政策(诸如转产转业计划等)就无法取得成效。转产转业计划促使渔民退出渔业,从而提高渔业利润,进而又激励新的劳动力参与渔业,转产转业计划最终会对渔业的发展产生消极影响。

防止新劳动力消化利润的唯一方式是加强对渔业准入的限制,例如执行渔业许可制度或个人配额制度,以及对渔民设定技术要求(比如对渔民的专业技术培训)等。这些措施的利与弊将在下文"社会福利最大化"一节进行讨论。同时,通过限制准入增加渔业利润会引发另一个问题:当渔业收益大于其他产业时将会引发什么问题。下节"租金与资本化"将详细讨论该问题。

租金与资本化

如果渔业管理制度限制或管控渔业准入,那么渔业利润可能会持续高于其他产业利润。这种超过任何其他可能存在的机会的额外利润被称为经济利润或**经济租金**(Economic Profits /Rents),有时我们也简单地称它为**租金**。

当渔业准入受限制时,新的渔业投资不会减少利润。然而,新的渔业投资产生的租金最终仍然能够减少利润,这是因为最固定或最直接限制产生租金的投资不断资本化。这样,租金被纳入配额价值〔在**个体可转让配额制度**(Individual Transferable Quota System,ITQs)下〕或者被纳入渔船价值〔在**个体渔船配额制度**(Individual Vessel Quota System,IVQs)下〕。渔业经济租金很难完全转化为产业参与者的额外收入,因为渔业许可证具有不可交易性（因此其价格不能提高）。许可证分配给渔民（并不是分配给渔船），并且政府在渔民退休或去世时收回许可证。

例如，如果渔民购买了某渔业许可证，在其渔业活动中产生 1 000 美元经济租金，那么该许可证的实际价值为 1 000 美元——在该情况下，渔民乐意支付 1 000 美元资金购买该许可证，而其他人则也乐意支付同样的价格从渔民手里购买该许可证。因此，如果渔业许可证可交易，该证很快具有相当于经济租金的价值。这样一来，获得许可证所付出的成本会抵消该许可证所带来的收益。相反，如果许可证不可交易，则许可证价值将转移给渔船或其他资本资产，这些资产的所有权能够保障许可证持有权或捕捞权（文本框 2.1）。

文本框 2.1　许可证的价值

资本化是指未来利益流（如利润）的价值体现在固定投入的价格或价值上。流入资金可能是物质资本（例如渔船）或者行使某事的权利（例如指定配额或许可证）。对于能够产生一定数量经济租金的配额，其资本化价值往往遵循"净现值（Net Present Value，NPV）公式"，该公式表述如下：

$$NPV = \sum_{t=0}^{N} \frac{R_t}{(1+i)^t}$$

R_t 是 t 年可用的经济租金；i 是反映时间偏好率的贴现率（通常作为现时利率）；N 是租金可用年数。因为未来 R_t 的值是未知的，所以该公式具有前瞻性：渔民必须根据现有的信息展望经济租金值。由于 R_t 的展望值不断变化，所以净现值有可能随着时间增减。贴现率会将未来预期考虑在内；如果预期渔业或配额制度不存在，那么贴现率会提高以反映这种短期配额价值预期。

例如，加拿大西部银鳕鱼渔业的配额价值在 1990 年首次开发时为 20 加元/千克，据此计算出该渔业未来盈利能力的净现值约为每年 0.6 加元/千克，预期贴现率为 3%。到 2004 年时，配额价值已经增加到 100 加元/千克，相当于每年增高 3 加元/千克（OECD，2010）。配额价值由于新体系下预期渔业资源状况的改善而增长。当配额每年都可以出租时，就可以计算配额产生的年租金价值。例如，1993 年加拿大西部大比目鱼配额分配年租金为 3.3 加元/千克（Casey et al.，1995）。

参考文献

① OECD (2010), The Economics of Rebuilding Fisheries: Workshop Proceedings, OECD Publishing, Paris, http://dx.doi.org/10.1787/9789264075429-en.

② Casey, K. et al. (1995), "The Effects of Individual Vessel Quotas in the British Columbia Halibut Fishery", Marine Resource Economics, Vol. 10, pp. 211-230.

如果对渔业准入的限制与配额、许可证或渔船无关，那么渔民竞争而引起的额外成本或较低收入会逐渐消化租金。"奥林匹克式"渔业就是这样的典型案例：为了在"奥林匹克式"渔业中更高效地捕捞,渔民会投资更先进的渔船和装备,从而提高渔业成本。同时,激烈的捕捞竞争将导致渔季缩短,当地加工商则不堪重负,无法加工突然增多的水产品,并且大多数水产品必须冷冻而不是直接进入海鲜市场,从而导致水产品的价格下降。此外,由于未得到很好的加工处理,水产品的品质也会降低。

如果管理体系限制渔业准入,此时产生的租金将以意料之外的方式进行分配。当渔业管理者选择分配配额而不是将配额拍卖给渔业参与者时,初始配额接受者就可以从中获得收益。如果新加入者想要购买配额,那么他们必须提前支付未来预期租金的现期贴现值——事实上,新加入者之所以愿意这样做,是因为租金让他们相信这样做不会吃亏。在比卖方更具有成本优势时,买方可能愿意支付更多的费用。随着时间推移,捕捞技术的改善或鱼类种群状况的改善可能会增加租金,使配额价值如投资般得以升值。政府在配额最初拍卖给渔民时获得了最初的经济租金,而之后配额持有者获得之后增加的租金。

上述有关租金的阐述所体现的关键信息是,即使限制渔业准入,市场措施也会消化租金。租金通过许可证或固定资本(例如渔船)的价值实现资本化,或者以额外成本或低收入形式被抵消。事实上,资本化可以改变利益分配,最终最初受益者获得了大部分利益,而新加入者和其他人的获利则较少。租金的变化取决于管理体系的性质,所以渔业管理者将很大程度上决定谁将是渔业获利者,无论渔业管理者是否制定了相关的政策。下一节将探讨渔业管理者如何最大限度地发挥渔业的社会效益。

社会福利最大化

公共财产问题是渔业面临的最大问题,促使政府必须加强对捕捞努力量或渔获量的管理。例如,就圆珠笔生产而言,并没有相应管理制度来规定圆珠笔生产的最优产量。圆珠笔不是公共财产,为达到最完美的市场状态,圆珠笔的最优产量由市场经济中最普通的元素就可以决定——这就是自由市场经济。

即使渔业中的公共财产问题必须通过渔业管理者制定管理措施来控制渔获量或捕捞努力量来解决,但公共财产问题无法告知渔业管理者渔获量或捕捞努力量应控制在何等水平。大部分渔业管理者选择通过控制渔获量以达到最大可持续产量,越来越多的渔业管理者也选择最大经济产量作为管理目标。此外,也有渔业管理者选择将鱼类数量骤减的可能性降低到一定数值(到某特定日期)作为管理目标。以上渔业管理者们所做的努力都是为了最大限度发挥渔业效益,而他们的不同之处在于对"效益"与政策目标的普遍定义不同。

为了找到最大限度实现渔业资源的最优社会效益的途径,就需要引入**消费者剩余**(Consumer Surplus)和**生产者剩余**(Producer Surplus)这两个概念。消费者剩余是指消费者以低于其愿意支付最高价格的售价购买产品从而受益。生产者剩余是指生产者以高于其愿意销售的最低价格销售产品从而受益。如果需求曲线超出了消费者所愿意支付产品的增值，那么消费者剩余就是需求曲线与市场价格的差值。同样，生产者剩余是供给曲线之上和市场价格之下的那块面积（图2.2）。从几何学角度看，它等于供给曲线之上和市场价格之下的那块三角形面积。

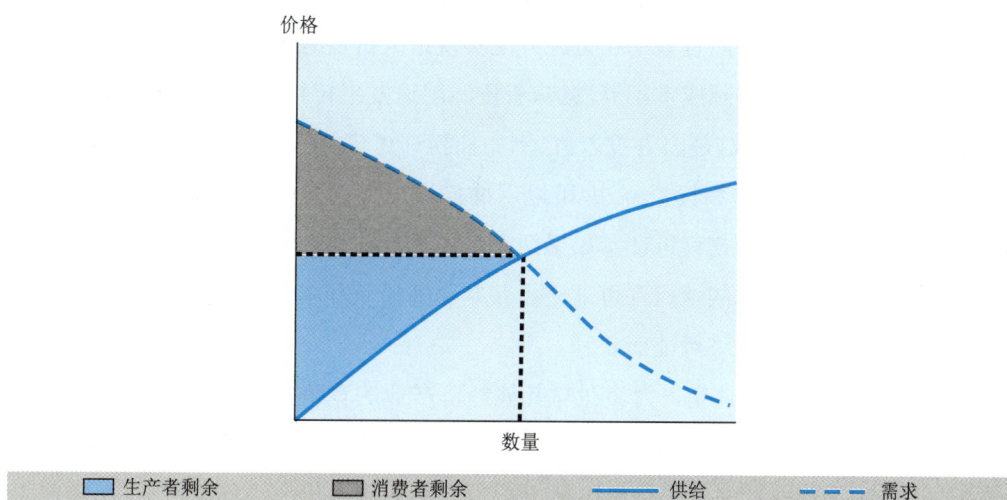

图 2.2　生产者剩余和消费者剩余

　　消费者剩余是消费者获得的总利益，生产者剩余是生产者获得的总利益。消费者剩余和生产者剩余的总和（即图2.2中阴影部分面积）是净社会福利。在标准经济模型中，供需曲线相交的平衡点即实现社会福利的最大化，因为不能通过增减该点的产出使阴影区域面积增大。了解消费者和生产者剩余有助于渔业管理者最大限度地提高渔业社会效益。

　　最大可持续产量制度下的渔获量能够实现消费者剩余的最大化，因为可允许捕捞的最大数量的渔获物都以最低的价格投入市场（需求下降，渔获量增多，所以价格降低）。没有其他方法可以持续生产超过最大可持续产量制度下的渔获物。因此，在最大可持续产量制度下，消费者剩余是最大的。

　　最大经济产量能实现渔民利益最大化。最大经济产量并不完全是实现生产者剩余最大化，后者是一个更为广泛的经济效益概念。试想一下：如果渔民获益为零，渔业仍然可以通过渔民购买燃料等渔业投入品以及支付渔民薪水为渔民社区带来经济效益。生产者剩余包含了上述经济效益。

　　就渔业而言，无法通过管理者制定捕捞制度来确保生产者剩余和消费者剩余均实现最大化。然而，最重要的是，我们必须认识到最大可持续产量、最大经济产量和其他捕捞制度均可以实现特定的渔业管理目标，但是如果说上述制度可以实现社会福利最优化,那就夸大其词了。因此,制定明确、一致的渔业管理目标比仅仅选择最大可持续产量或最大经济产量作为目标更有价值。

交易与效率

因为交易与交换是构成**配置效率**(Allocative Efficiency)的机制,所以交易与交换在经济学中占据核心地位。配置效率在资源分配实现最大价值时得以实现,配置效率的一大特征就是边际效益与边际成本相等,意味着资源用途发生转移时将无法实现更优化。

交易产生配置效率,这是因为投入值(例如捕捞许可证)等于投入产生的增加利润。如果渔民凭借良好的管理和投资方法,可以用捕捞许可证获得更多收入,那么渔民会比其他人更加重视和珍惜捕捞许可证。如果两个渔民进行捕捞许可证的交易,那么他们都会从中获利——因为卖方的捕捞许可证交易获利比捕捞获利多,而买方能够在以一定价格购买许可证后通过使用许可证而获利。

此外,高效率渔民更具竞争力。在与其他经济产业的竞争中,高效率渔民具备劳动力和资本的更强竞争优势。在水产品市场,高效率渔民的渔获物也具备更强竞争优势。通常情况下,渔业管理者的预定目标包括保护当地渔业或者传统小规模渔业,而实现上述预定目标不应以降低渔民效率和渔业整体效率为代价;否则,由于无法提供与其他经济产业相等的回报,渔业的长期持续获利能力将会受损。

灵活渔业

渔业管理的政策工具通常分为以控制捕捞努力量为目标的投入控制和以控制渔获量为目标的产出控制。这两种政策工具都是渔业管理的有效手段,但是在有些情况下不起效,这很大程度上与渔民在捕捞作业中可获得的灵活度有关。在经济学上,这种灵活度被称为**投入可替代性**(Substitutability of Inputs),而在渔业中则被称为**灵活渔业**(Flexible Fisheries)与**不灵活渔业**(Inflexible Fisheries)。比如,如果没有其他投入方式或渔业技术可供选择,那么该渔业属于不灵活渔业。

努力量控制措施通常专注于捕捞努力量相关的一个或几个特定元素,比如渔船长度、总吨位或发动机功率等。限制这些特定元素的目的是控制捕捞努力量,但是如果渔民可以通过改变捕捞方式来"避开"这些控制措施,那么控制努力量将仅仅控制泛泛的捕捞努力量和渔获量。例如,当渔业管理者通过缩短渔季控制努力量时,虽然捕捞季节确实缩短了,但渔民可以通过增强捕捞强度补偿渔季缩短带来的损失。

对建立在控制努力量基础上的管理体系而言,尽管努力量控制措施确实能够限制渔民的努力量,但判断渔民保持整体努力量的能力很重要。渔民总希望扩大收益,并且,随着时间推移,渔民对努力量控制措施的适应能力也越强,这就意味着,渔业管理者必须不断增强努力量控制措施使其可以有效控制努力量。

　　权益分配制度是渔业管理者热衷于努力量控制措施而非产出控制措施的主要原因，限制公共资源使用权就是权益分配制度的一种表现。但是就高度灵活的渔业而言，执行直接解决这类问题的补充政策可以更加有效地解决分配或其他社会问题，比如执行税收政策等。

　　以下章节将从经济层面进一步探索上述渔业和渔业管理问题。其中，第三章介绍了渔业产能和渔业投资，并介绍了渔业投资的动机和作为经济均衡结果的产能过剩。第四章介绍渔业管理机制，重点强调基于市场的经济手段，展示不同渔业管理体系如何支持或反对渔民激励措施。第五章讨论渔业重建经济学。

相关术语

配置效率（Allocative Efficiency）：指资源分配使资源最高价值得以实现的状态，主要表现为边际效益与边际成本相等，此时资源重新分配将无法提高社会福利。

资本充盈（Capital Stuffing）：指为了应对捕捞努力量控制政策，对生产投入进行过度投资的状态。

公共财产（Common Property）：公共财产是一种资源，其规模或特征导致排除潜在受益人从公共财产获利的成本升高。公共财产的主要作用是引发技术的外部不经济，因此，与私有产权结构相比，公共财产会被更多地分配到渔业中（Agnello & Donnelley，1976）。

消费者剩余（Consumer Surplus）：指消费者消费一定数量的某种商品时愿意支付的最高价格与这些商品的实际市场价格之间的差额。消费者剩余的产生基于以下两个前提：消费者的消费意愿随着消费的增加而降低（即边际效益下降）；所有消费的产品均是同一个价格。生产者剩余是指生产者以高于其愿意销售的最低价格销售产品。

经济均衡（Economic Equilibrium）：指经济力量实现平衡的状态。在该状态下，无外部因素影响时，经济变量的价值将保持不变。例如，在竞争的标准模型中，需求数量和供应数量一致时就会实现经济均衡。

经济租金〔Economic Profits（Rents）〕：指会计利润与机会成本之差。通常情况下经济收入为零，然而，当市场准入受限时就会产生经济租金。

灵活渔业（Flexible Fisheries）：灵活渔业的特点是渔业生产时投入可替代性高。

生产者剩余（Producer Surplus）：指消费者以高于其愿意销售的最低价格销售产品，并从中受益。生产者剩余是一种异于企业利润的社会福利措施。

投入可替代性（Substitutability of Inputs）：指生产过程中一种投入极易被另一种投入所替代（也称投入替代弹性）。

公地悲剧（Tragedy of the Commons）：指无准入限制地过度开发渔业。一般情况下，是指超出最佳可利用数量的公共财产的利用。

参考文献

1. Casey, K. et al. (1995), "The Effects of Individual Vessel Quotas in the British Columbia Halibut Fishery", Marine Resource Economics, Vol. 10, pp. 211-230.

2. Conrad, J. and C. Clark (1987), Natural Resource Economics: Notes and Problems, Cambridge University Press, London.

3. Cunningham, S., M. Dunnand D. Whitmarsh (1985), Fisheries Economics: An Introduction, St. Martin's Press, New York.

4. Hardin, G. (1968), "The Tragedy of the Commons", Science, Vol. 162, No. 3859, pp. 1243-1248, http://dx.doi.org/10.1126/science.162.3859.1243.

5. Henderson, J. and R. Quandt (1980), Microeconomic Theory: A Mathematical Approach, McGraw-Hill, New York.

6. OECD (2010), The Economics of Rebuilding Fisheries: Workshop Proceedings, OECD Publishing, Paris, http://dx.doi.org/10.1787/9789264075429-en.

第三章

渔业产能问题应对

本章主要讨论渔船队的产能过剩问题。"渔船多,鱼群少"的问题发人深省,与之相关的产能经济问题也十分复杂。本章介绍技术产能过剩和经济产能过剩之间的区别,即一个体现了渔船队的普遍和预期特征而另一个是渔业管理不善的后果。本章将提出在管理制度运作良好的前提下如何应对渔业产能问题。

政策分析

- 技术产能过剩与经济产能过剩不同。从事渔业的决定与渔船队的整体捕捞能力无关，而是与渔业从业者的投资回报有关。因此，政策的合理性并不能仅通过长期产能过剩来验证。

- 产能过剩是渔业的普遍特征，所以应对产能过剩的管理体系必须稳健。而且，管理体系可以在考虑渔船队组成的前提下可持续管理鱼类种群。

- 当渔业经济状况发生突然或者独特的变化时，产能调整计划会拥有更好的政策依据；同时，当该计划能够有针对性地在有限时间内开展时，其发挥的效果会最佳。

- 基于市场体系（比如个体可转让配额制度等）可以通过整合经济激励措施更好地平衡技术产能和捕捞产量之间的关系。

- 目标明确的产能调整方案将成为政策改革过程中的重要组成部分。这些产能调整方案为渔业提供资金，补偿改革引起的损失，表明政府行为，并支持政策改革。

- 利益相关者参与转产转业计划的设计和实施可以提高计划参与度，符合计划的目标，有利于推进计划的执行，增强各方在渔业调整计划执行后的协作性。其中，产业和公共资金的整合利用也是其重要组成部分。

几乎所有国家政府出台的渔业政策都关注渔船队的规模和组成。尽管目前政策制定者正在努力调整渔船产能，但是产能过剩问题依然令政策制定者们尤为担心。鱼类种群数量不断下降，渔船的使用寿命却在不断延长，过去的政策鼓励产能建设，鱼类种群具有变化无常的特点——所有的这些因素综合在一起，一定程度上造成了产能过剩问题。然而，尽管现存的**技术产能过剩**（Technical Overcapacity）问题与可允许捕捞量有关，但是造成产能过剩的主要原因是大量个体参与并投资渔业。

虽然渔船数量已经远远超过可允许捕捞量所需的渔船数量，为什么人们仍然选择投资渔业？答案很简单，因为即使渔船已达到可允许捕捞量所需的数量，渔业仍然有利可图。事实上，技术过剩是一种平衡现象，不是渔民的错，也无法自行改正。许多政策制定者认为渔业"产能过剩"导致低利润,但是政策制定者的这个结论与事实不符。渔民可以游说政府制定增加渔民利润或降低渔民风险的政策,但是,渔民游说政府并不意味着渔民的当前利润不足。

若运转正常,经济力量就会把投资转移到可以确保投资者有利可图的产业。然而,劳动力和资本在利润较低时会转移到其他产业,这就必然产生以下状况——对于选择离开或继续从事渔业的人来说,利润都得到提升(文本框3.1)。均衡的过程实现了不同投资行为利润(就资本和劳动力回报而言)的平衡。如果渔业投资回报一直低于其他类型的投资回报,那么投资者就会有两种选择:(1)等待投资资本耗尽(也即投资资本贬值);(2)将资本全部出售,从而回收资本,继续开展其他的投资行为。

文本框3.1　经济学家对利润的观点

经济学家经常提及"零经济利润"概念。作为市场良好运营的关键指标,"零经济利润"描述了市场和经济达到最佳平衡的条件。但是"零经济利润"这一概念听起来不是非常具有吸引力,毕竟"正利润"总是比"零利润"更好听——那么,"零经济利润"这一概念为什么具有吸引力呢?

首先,经济利润的定义非常特殊。经济学家将人们通常所说的利润称为"会计利润"(Accounting Profits),而"经济利润"(Economic Profits)则使"机会成本"(Opportunity Costs)增加——机会成本是通过投资其他产业可以获得的利润。假设投资者可以通过A投资活动赚取100美元,通过B投资活动赚取90美元;A投资活动的会计利润是100美元,但经济利润却只有10美元,因为一旦投资者选择A投资活动,就放弃了通过B投资活动赚取90美元的机会。

上述衡量利润的方法很有效,它通过展示投资当下利润最高的产业和投资下一个利润最高的产业的会计利润之差来比较不同的投资机会。只要经济利润存在,投资者就可以通过选择更优的投资机会来获得更多利润(比如,在上述例子中,人们就会放弃A投资活动转而选择B投资活动)。

这种投资选择通过平衡不同经济产业的投资回报使任何投资行为的潜在利润相等。当投资回报达到平衡时,经济利润为零,调整投资行为并不能产生额外的利润——此时,最优经济均衡就实现了。

例如,如果一个开在当地繁忙十字路口的加油站生意火爆,那么这一现象就会激励其他人也在该十字路口附近开加油站。即使所有投资者都知道上述行为会降低整体利润,但是如果投资的潜在利润高于其他产业,投资者还是会选择参与到该投资行为中。所以,我们经常可以看到一个十字路口有四个加油站同时在营业。尽管此时会出现技术产能过剩问题(加油站的数量已经超出当地司机的需求,并且加油站数量增多也导致每个加油站利润降低),但从经济角度来看,这是对投资资源的最佳利用。政策制定者的职责不包含确定一个产业的恰当利润水平。

渔业产能的技术措施不能展示该产能的"恰当"水平。相比其他投资行为,决定是否进行渔业产能投资的是**投资回报率**(Return on Investment, ROI)——由于资源根据最佳潜在回报进行分配,所以根据投资回报率进行投资最终能够获得最佳经济结果。

如果经济力导致投资转向渔业,那么会带来什么问题呢?与加油站站长不同,渔民共享公共资源。当渔业经济利润为零时,渔业产能无法实现最佳捕捞水平。经济均衡与社会最优化是不同的。

此外,渔业投资有时无法实现投资回报率的最大化。那些与渔业、农村社区、文化传统或其他社会因素有密切联系的投资者可能会选择渔业投资,这意味着投资可能高于该产业的最佳水平,且**资本流动性**(Capital Mobility)也较低。在其他因素保持不变的前提下,较低的资本流动性将减缓产业调整进程,并增大产能经济过剩的可能性。

减少或控制渔业产能的政策是为了在最大可持续产量或最大经济产量指导原则下实现鱼类种群管理并保证渔业盈利——但这两个目的都与产能问题无关。无论渔民数量如何,一个良好的管理体系都应将鱼类种群状态保持在期望水平之上。

由于高利润会提高该产业对于新准入者的吸引力,所以盈利能力的提高往往会加重产能过剩问题。事实上,通过实行转产转业计划来增加产业利润是一个恶性循环的加速器:如果渔船数量减少会提高平均利润,投资渔业以及购买渔船的热情仍会有增无减,想要获取高利润的热情同样有增无减。

产能过剩通过以下方式给管理体系带来额外压力:

- 产能过剩扩大了渔业游说组织的规模,并且为他们争取政策支持提供了合理理由(该合理理由即渔业获利过低)。
- 产能过剩增大了渔业管理者的压力,为了提供更多使得捕捞努力量与捕捞量相匹配的渔业机会,渔业管理者不得不增加可允许努力量或可允许捕捞量。
- 就现有产能而言,产能过剩增大了渔民从事**非法、未报告和无管制捕捞**(Illegal, Unreported and Unregulated Fishing, IUU)的倾向。
- 由于从事渔业的渔船众多,所以产能过剩使监测和执法复杂化且高成本。

通过上述四点,我们可以了解渔业的规模与渔业资源匹配有助于减少冲突,使渔业秩序井然且易于管理。控制捕捞量与管理鱼类种群的能力不应该依赖于控制总产能,但是如果能够实现产能和捕捞量的良好平衡,那么就能降低渔业管理的难度,并增加管理的成功概率。

产能过剩与产能调整

渔业总产能由投资动力所决定。但是,鱼类种群衰竭及其他事件会显著降低总允许捕捞量或努力量,加上自然灾害、支持政策改变、贸易障碍等利空因素,使得渔业管理者不得不迅速做出渔业政策的重大调整。通常情况下,如果理想的渔船规模突然发生改变,渔民为了预防经济困难与生活动荡就会向政府寻求**产能调整辅助**(Adjustment Assistance),以解决突发的**经济产能过剩**(Economic Overcapacity)引发的问题。

在此情况下,渔业管理应对政策及采取该政策的原因会不同;当管理体系或产业支持政策变化引发全面冲击时,原因会更不同。此时,利益相关者可能提出补偿要求及产能调整辅助,与政策改革相关的措施通常称为**侧翼措施**(Flanking Measures),而政策制定者则想要降低渔船拥有者和捕捞许可证持有者的损失(Holland et al. ,1999)。

产能调整辅助和产能调整都使用了同样的政策工具,这些政策工具包括渔业许可证和渔船回购、渔船废弃、提前转产补助、渔民失业培训及渔民失业救济延长等政策。最关键的是,产能调整辅助应当明确随着渔业形势的变化而变化,而且产能调整辅助应具备时限性、目标性与条件性。当出现严重经济混乱时,可以执行产能调整辅助。由于渔业长期存在问题,所以产能调整试图改变投资者的投资选择与渔业参与选择。

尽管预防或弥补渔业经济损失的政策(特别是政府发起的政策)确实可以缓解问题,但是经常依赖这些政策来缓解问题会降低渔业投资的风险。能显著降低渔业投资风险的体系性政策也会抬高投资水平,并加剧产能问题——如果渔民知道政府会在渔业危机的时候实施补偿,即使渔业收入较低,他们也会选择继续从事渔业。所以,几乎没有方案能够成功地进行产能调整。

产能过剩与管理体系

技术产能过剩是渔业面临的普遍问题,因此在理想情况下,一个管理体系必须要非常稳健,特别是当技术发展随着时间推移使得产能不断提升的时候。当渔业能力超过可捕捞量时,渔业管理应当照常有效运行,并着力于防止出现过度捕捞或社会动荡的现象。

在对待渔业问题上,经济合作与发展组织对产能问题容忍度较高,鼓励提高渔业整合性,所以,与基于投入的渔业管理措施相比,经济合作与发展组织的渔业研究和渔业建议更倾向于鼓励采取基于产出和市场的控制措施。在渔业实践中,导致个体可转让配额复杂化的原因之一是非必要的集中与整合行为。一旦进行了非必要的集中与整合行为,许多渔业管理目标之间就会产生潜在的政策冲突,比如减少产能过剩与保护传统捕捞方式、参与者与社区之间的冲突。

投入控制对规定范围内提高捕捞能力的投资非常敏感。例如,在投入控制政策下,如果对渔船长度进行限制,渔民则通过增加渔船宽度进行应对;如果对捕捞作业天数进行限制,渔民则通过提升渔船速度与捕捞效率进行应对,最终导致"捕捞竞赛"。投入控制必须根据技术以及渔民增加捕捞量方式的改变而改变。

尽管产能过剩在某种程度上是渔业面临的普遍问题,但是严重的产能过剩将导致管理体系遭受压力,并使渔业处于长期的危机中。为了应对上述压力,许多国家政府将转产转业计划作为减少渔船队规模的直接方法,寄希望于通过此计划构建更稳定且运转更佳的渔业。

经济合作与发展组织成员国所执行的转产转业计划包括渔船回购、报废或转让,以及渔业许可证注销或回购等措施。2005 年,经济合作与发展组织成员国政府大约投入4.3 亿美元开展上述计划,该投入占政府投入渔业总金额的 7%(OECD,2009)。

很明显,转产转业计划能够积极处理渔业面临的过度资本化和产能过剩问题。转产转业计划具有很强的政治吸引力,政府希望通过广泛推行此计划而获益。通常情况下,由于此计划既可以提高渔民的盈利,还可以为边缘化的或无盈利的渔民提供再次择业机会,因此渔业也会积极推行转产转业计划。

为了保持渔业产能与现有渔业资源之间的平衡而采取紧急行动时,转产转业计划就是一个有效的政策工具。然而,该计划能否取得成功,主要依靠包括对现有管理制度及资金来源进行评估在内的基本措施。

转产转业计划作为连贯政策计划中的一部分时可以发挥最佳效果

只有渔业相关政策连贯一致、相互支持,才能达到最有效的管理效果,因此,在现有的渔业管理框架内制订转产转业计划至关重要。一些管理体系与转产转业计划的措施会存在不匹配的情况,并且,如果采取的措施与管理体系不匹配,则很难在实践中取得成功。

如果管理者开放渔业准入且仅管控渔业捕捞量,那么转产转业计划的执行代价仍然无法改善渔业种群状况——事实上,与管理者的初衷相反,最终高效、高技术的渔船将逐渐取代被转产的渔船,渔业捕捞能力仍然居高不下。比如,美国华盛顿州商业鲑鱼渔业原本采取准入开放的政策,在 20 世纪 90 年代后期,该渔业经历了三次回购计划,最终损失 1 400 万美元。回顾并评估上述三次回购计划可得出如下结论:正是该渔业采取的准入开放政策导致管理者无法有效降低渔业产能。

由此可见,降低渔业产能计划无法与渔业准入开放计划共存。那么管理者是出于何种原因尝试实施降低产能计划?其中一个原因是,政府认为渔民正在遭遇经济困境,但是出于各种原因渔民无法离开渔业。政府认为,转产转业计划的实施能够帮助渔民摆脱已经无人问津的渔业。事实上,在实践中,情况并不是像政府所臆断的那样,因为通过转产转业计划帮助渔民摆脱困境并不是长久之计——监管机构无法评估渔业盈利能力,而利益相关者会有意降低其利润评估值。总之,渔业管理者实施转产转业计划时,最好不要假定渔民无利可图且想要摆脱渔业。

此外,由于实施有限准入或管控下开放准入管理政策的渔业会促使捕捞努力量不断扩大,如果对渔业努力量不加以管控,即使执行降低产能计划,也不能降低捕捞量。例如，澳大利亚北部对虾渔业一直实施投入管控政策，但多年以来一直陷于渔业重组和产能降低的困境中。然而，在过去，不断改善的捕捞技术和不断加大的无管控渔业投入极大地抵消了产能大幅降低所产生的影响。

通常情况下，无效的管理体系将导致过度捕捞和鱼类种群数量减少。降低产能计划无法解决上述两个问题，而直接通过管理改革能够更好地解决这些问题。事实上，降低产能计划可以作为运转良好的管理体系的补充措施。

融资促进激励机制的形成

转产转业计划及降低产能计划的成本由谁来买单？根据**受益者补偿原则**（**Beneficiary Pays Principle**），在政策干预中获利的产业参与者应当为转产转业计划及降低产能计划买单。受益者补偿原则是新西兰、澳大利亚、冰岛及其他国家执行成本回收计划的基础。但是大部分情况下，转产转业计划主要由政府资助，该计划实际上是政府向渔业提供资金的一种形式（文本框3.2）。

公共资助与私人资助的结合导致转产转业计划的标准不断提高。政府贷款促进产业贡献，而产业贡献通过捕捞许可证费或者捕捞年费为政府创收。在美国，广泛的产业参与是总体的发展趋势——最近在美国执行的三项转产转业计划均由产业资助。挪威对该国渔船的第一手渔获物征收费用，同时政府也进行资金资助，填补转产转业计划的成本。过去的实践经验表明，由于渔业未来发展与渔民的利益息息相关，所以产业资金和公共资金资助的结合能够不断激励合作式管理（特别是在渔业管理制度健全的条件下）。

明确融资范围、确保计划可信度非常重要。相比于资金和时间跨度有限的计划，利益相关者更倾向于无期限资金资助的计划。长期计划也存在风险，该计划可能转变为渔业补贴计划，或成为退休计划的替代计划。

文本框3.2　竞拍与固定回购价

竞拍（**Auctions**）是确保渔船和捕捞许可证的收购价格反映其对持有者的价值的最有效方法。虽然竞拍方式众多，但是竞拍均通过投标过程"煽动"持有者以他们认为体现最大价值的价格出售其渔船或许可证。

竞拍只有在足够多的人参与投标竞争的情况下才能正常开展（Curtis & Squires，2007）。如果投标竞争不足，少数潜在投标人可能通过互相串通或其他形式干扰竞拍。当然，由于渔民可以根据前几轮的竞拍结果更改出价，所以持续很长时间的竞拍也存在风险。在某些情况下，可以持续回购。因此，随着持续回购成为常态，投标人就会根据其可接受的最高价值进行投标，而不是根据竞标品的实际价值进行投标。

　　固定回购价（**Fixed-rate Payments**）为渔船或许可证确定固定的回购价格，渔民可以选择以这个价格买进或卖出。对于渔民和监管机构来说，固定回购价格能够降低管理难度、提高管理透明度、减少不确定性并降低交易成本。但是，固定回购价过高或过低都会影响其买卖。固定回购价与竞拍不同之处在于：固定回购价需要政府掌握关于许可证和渔船的真实价值的信息。

　　通常情况下，固定回购价包括渔船或捕捞许可证的统一价格以及根据特定标准（比如渔船吨位、功率或捕捞目标种类）而确定的加权。根据特定标准进行评估后，再确定竞拍出价是否符合实际价值、是否满足特定目标。

　　2005 年，墨西哥在捕虾业的转产转业试点计划中使用了统一价格的方法。欧洲则经常使用加权固定回购价的方法，这有助于让成员国通过加权调整回购价实现特定目标。2006 年，法国根据渔船捕捞目标种类使用加权固定回购价的方法。丹麦则在使用每艘渔船加权回购价之外，用投标比较程序确定获得转产转业补贴金的渔船。

转产转业计划的制订与实施：问题与最佳实践

　　根据经济合作与发展组织的案例综述（OECD，2009），转产转业计划带来的结果贬褒不一。尽管一些计划能够长期降低产能，然而另外一些计划却只能暂时影响产能，即使这些计划消耗了大量的公共资金。

　　首先，一个良好的转产转业计划应根据目标、参与规则和预算限额（许可证的价格通常低于渔船价格）明确调整目标（调整渔船，调整捕捞许可证，还是两者均调整？）。其次，转产转业计划的定量目标应得到明确界定和公布，从而确保实现这一目标，给资源可持续性及渔业结构带来积极影响。

　　转产转业计划还应该设定渔船、许可证、捕鱼权或装备回购的价格。总之，该计划应该最大限度地提高公共资金对产能变化的影响，并且明确展示渔民出售渔船或许可证的意愿，这也意味着，渔业参与者无需超额支付。

　　总体而言，一共有四种定价机制：竞拍，固定回购价，一对一谈判，单独估价（Holland et al.，1999）。每种定价机制各有利弊（文本框 3.2）。

　　转产转业计划成功与否依赖一定的社会接受度。利益相关者参与该计划的制订与实施可以提高调整后渔业管理的参与度、目标与管理实践的一致性以及协作的可能性。此外，试点计划也能为未来计划提供支持，并纠正细节问题。

　　有时候为了减少捕捞努力量会实施转产转业计划。如果渔业中存在大量闲置（潜在）产能，那么转产转业计划可以在短期内不影响捕捞努力量的情况下消除闲置产能。但是，如果条件发生变化，消除潜在产能可以避免努力量在条件发生变化时激增，并有助于防止捕捞努力量超出限制。无论在何种情况下,政府都应当兼顾潜在产能和实际产能,以确保实行转产转业计划后总产能有效降低且不反弹。

事后评估对确定转产转业计划的有效性和影响很重要,对确定该计划的目标实现度的评估也很重要。事后评估一共有四种类型:

● 国家政府负责深入评估。
● 国家审计师负责具体计划及其有效性的深入研究评估。
● 超国家机构(比如欧洲联盟)或政府间机构(比如经济合作和发展组织)负责评估。
● 学术界承担转产转业计划经济成本和效益的相关研究。

只有对转产转业计划进行长期评估,才能总结产能调整过程的持久性与影响。

政治经济状况

制订转产转业计划需要考虑以下三个因素:制订的原理,补偿与效益的分配,制订目标与政府行为的可信度。

1. 原理(Rationale)。转产转业计划的优点之一是对行动和政策作出承诺。政府的无作为导致渔民必须自行调整渔船产能,最终难以衡量该计划结果。转产转业计划给渔业投入资金,产生的政治利益能够平衡计划所花费的费用。

通过对渔民损失进行补偿,转产转业计划可以克服管理改革面临的阻力。通过为渔业成员创造多种利润以及增加协调成本,"并购"可以离间试图阻止改革的渔业小团体,从而克服改革阻力。转产转业计划不仅仅是调整产能的手段,还可以作为改革的推动力。

2. 补偿(Compensation)。在分配驱动下,转产转业计划为个人提供转业方法,给他们长期的渔业投资提供回报,从而抵消转产转业带来的损失。政府通过购买渔民资产,让渔民得到转业和再培训的机会。但是,对依赖渔业的沿海地区而言,只有政策与经济多元化相适应,转产转业计划才能带来可持续的社会结果。

3. 可信度(Credibility)。产能调整计划使渔民相信政府将承担资本过度投资带来的损失(比如渔船过度投资),最终会加剧过度投资。如果针对特定渔业或渔船的转产转业计划仅是"一次性"机会,即只有一次机会选择转产转业,而不是对同一渔业给予多次转业转产机会,那么就能够解决上述问题。

缺乏统一协调性的渔船调整政策可能严重破坏政府的可信度。一个典型的例子就是渔船建造和现代化改造补助金和转产转业计划同时执行。2004年之前,欧盟的补助金不仅提供给转产渔船,同时还帮助建造新渔船及实现现有渔船现代化。欧盟补助金政策的矛盾导致人们质疑欧盟对渔业产业结构调整的承诺及过度投资的支持。

关键见解

- 技术产能过剩不等于经济产能过剩。是否从事渔业取决于投资回报率,而不是船队的总体捕捞能力。长期的技术产能过剩并不能说明政策的正确与否。

- 管理制度应该能应对技术性产能过剩,因为这是渔业的一个正常特征;不论渔船队的构成是怎样的,都能够可持续地管理鱼类种群。

- 如需应对较为突然和独特的渔业经济变化时,产能调整计划有一个更为合理的政策原理;当产能调整计划有明确的目标和时间限制时,效果最好。

- 只要渔民能够自由进出渔业,产能调整计划在增加利润或减少捕捞努力量方面都不会成功。

- 以市场为基础的渔业管理制度,如个体可转让配额制度,可以通过经济激励措施更好地平衡技术产能和渔获量。

- 目标明确的产能调整方案可以成为政策改革进程的重要组成部分。它们向渔业提供资金,以补偿变化带来的损失,表明政府的行动,并帮助建立对改革的支持。

- 精心制订的转产转业计划应确定调整目标,明确量化目标,并制定良好的定价机制。

- 利益相关方参与转产转业计划的制订和实施,可以提高渔业参与度,并且促使利益相关者遵守目标和渔业作业制度,并加强合作。产业资金和公共资金的共同投入是其中一个重要的部分。

相关术语

会计利润(Accounting Profits):即总收入减去投入成本的值,这个值包含隐含成本(比如船舶所有人/经营者的资本成本和劳动力价值)。

产能调整辅助(或侧翼措施)〔Adjustment Assistance(or Flanking Measures)〕:指补偿、支持或加快产业调整进程的政策,该政策特别用于应对政策变化。

受益者补偿原则(Beneficiary Pays Principle):指在政策干预中获利的产业参与者应当为转产转业计划及降低产能计划买单。

资本流动性(Capital Mobility):指资金进出产业寻求最高回报的能力。

产能经济过剩(Economic Overcapacity):当渔业投资回报低于其他产业投资回报时,称为产能经济过剩,即如果投资由渔业转移到另一个产业,能够获得更高的回报。

经济利润〔Economic Profits(Rents)〕:经济利润等于会计利润与机会成本之差;即超过下个最佳投资选择的利润。通常情况下经济利润为零,仅市场准入受限时才能产生经济利润。

机会成本(Opportunity Cost):指放弃下个最佳选择而损失的利润。

技术产能过剩(Technical Overcapacity):当捕捞渔船的潜在捕捞产能大于可捕捞

生物量时,称为技术产能过剩。

参考文献

1. Holland, D., E. Gudmundsson and J. Gates (1999), "Do Fishing Vessel Buyback Programs Work: A Survey of the Evidence", Marine Policy, Vol. 23, No.1, pp.47–69.

2. OECD (2009), Reducing Fishing Capacity: Best Practices for Decommissioning Schemes, OECD Publishing, Paris, http://dx.doi.org/10.1787/9789264044418-en.

第四章

渔业管理市场机制

本章主要介绍市场机制在实现渔业政策目标中发挥的作用。政策如果忽视或违背市场措施，就会由于相关受影响方的决定和行动而产生意料之外的副作用。此外，如果政策能够有效利用市场的资源分配能力，该政策就可以提高渔业的效率、可持续性和盈利能力。

政策分析

- 相比其他措施,基于市场的渔业管理措施可以有效帮助渔业管理者实现广泛的政策目标。
- 如果渔业管理者能够精心设计出可以灵活运用的基于市场的工具,那么渔民就有可能利用该工具提高渔业作业的效率和盈利能力。
- 基于市场的工具属于宏观渔业管理战略,无法取代其他法规或技术措施。
- 虽然一些渔业相比于其他类型的渔业更适于使用市场工具,但是由于市场工具可供选择的范围广泛,所以意味着所有渔业都可能采用市场工具。
- 采用市场工具会带来赢家与输家,特别是进行初始权利分配时。利益相关者的参与以及过程中的主导性可以促进改革的顺利进行。利益相关者的加入能减少有关分配和公平的冲突并提高政策合理性。将责任下放到当地社区和组织有助于通过责任分担,缓解对市场工具的批评。

第二章概述了渔业经济的基本因素。第三章介绍了渔业投资和产能环境下的渔业经济基本因素。最为关键的是,管理不善的渔业带来的一些不良后果源自利益相关者自身原因而非渔业中的错误举措或信息缺失。例如,如果潜在的经济因素得不到解决,那么就无法利用政策制度降低渔船队产能。

市场机制实际上是渔业管理中的新生事物,尚未得到广泛推广。抵触改革的原因有两个方面:其一,对于受影响方,比起估计其预期获益,估计其承担的成本和风险更为容易;其二,以市场为基础的政策会引发分配冲突,在某些情况下,通过渔业的集中或巩固,这些冲突会给当地或传统的渔业社区造成负面影响。此外,如果现有管理政策能实现鱼类种群的成功管理,那么政策制定者就会放弃改革意愿。

基于市场的政策的潜在裨益可以推动改革过程的进行。渔业管理者的目标不仅仅是确保鱼类种群的可持续性,他们还必须承认并确保其他目标的实现,最为重要的是确保渔业对使用者和社会的价值达到最大化。有一系列基于市场的政策可供管理者使用,而这些政策不影响传统政策工具(包括总允许捕捞量的设定、监管、监测以及执法等)的使用。

渔业管理者对基于市场的政策的数量以及这些政策对渔业管理的潜在影响知之甚少。本章将讨论市场机制以及渔业管理者成功实施市场机制以确保利润最大化的途径。了解了本章的内容，就能很容易理解下一章渔业重建经济学的内容。

渔业管理机制：目标和方法

根据第一章的内容，如果渔业种群状况不健康，那么就无法实现渔业政策的社会目标和经济目标。渔业管理者的首要任务是确保管理体系与广泛的管理目标相兼容，以实现渔业管理的可持续性。

市场机制的一个突出优点就是，它能有助于实现多个管理目标，其中包括成本较低的资源管理目标。因此，市场机制不仅可以提高鱼类种群管理能力，还能促进其他重要目标的实现。例如，一个基于市场的良好管理体系有助于提升渔业盈利能力、能源效率、渔产品的质量和适销性以及船队结构等，而传统的准入控制措施可能会对上述因素产生负面影响。

渔业管理者在更广泛的渔业目标内有两个主要目标：维持鱼类种群生产力并控制渔业准入（图4.1）。

● 维持鱼类种群健康的措施涉及如下途径。

❖ 规定渔具类型、捕捞时间、捕捞地点以及鱼类的最小可捕尺寸以及禁止捕捞幼鱼。

❖ 限制捕捞量（如执行总允许捕捞量制度）或捕获努力量（如规定出海天数、禁渔季），使产卵生物量维持在目标水平。

● 控制个人与集体对资源利用的准入的措施包括分配鱼类种群的有限捕捞潜力。该措施涉及两个程序：选择可以获准开展捕捞作业的渔业公司（发放捕捞证）；给渔业公司分配份额。如果管理体系未规定个人配额或准入限制，那么渔民的捕捞份额由他们的捕捞能力决定，这就导致了"捕捞竞赛"——在达到最大允许捕捞量限制之前，渔民将尽最大努力与其他渔民进行竞争，以获取更多渔获量。

渔业管理依靠两大机制：经济工具（市场机制）及监管和法律手段（指令与控制手段）。市场机制通过理解并利用渔民的利己主义行为来实现政策目标，然而监管和法律手段则为允许进行的行为（该行为很少关注激励机制的制定与使用）提供行动框架。

经济手段（Economic Measures；**也即市场机制**）影响渔民面临的抉择的成本与收益，因此渔民会提升开发资源的效率。经济手段包括：

● **市场创造**（Market Creation）：如果执行市场权利或许可机制，此时个体渔民往往成为决策者，同时许可证持有人也拥有了资源使用权及出售权；

● **资金转移**（**Monetary Transfer**）：付款、收费和税收旨在通过经济刺激措施影响个体行为，该经济刺激不以市场权利或许可机制为基础。

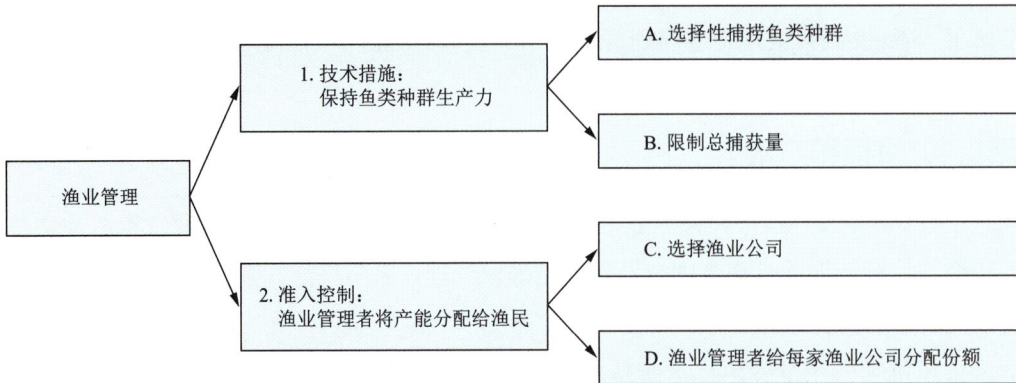

参考文献

OECD (2006), Using Market Mechanisms to Manage Fisheries: Smoothing the Path, OECD Publishing, Paris, http://dx.doi.org/10.1787/9789264036581-en.

图 4.1 渔业管理的两要素

监管与法律措施（**Regulatory and Legal Measures**）往往限制渔民的抉择，同时，由于该措施禁止渔民以最低成本及最佳方式从事捕捞活动，所以相比市场工具灵活度较低。事实上，由于渔业有潜在经济激励，渔民试图逃避或破坏该措施，所以该措施的实施需要额外成本。该措施包括针对捕捞量、船员、出海天数、渔船大小和马力以及渔具类型等作出限制。

渔业管理体系不完全依赖基于市场的工具。在渔业管理体系中，监管和法律措施将永远占一席之地，它们将界定可接受和需禁止的行为。此外，监管和法律措施在多数情况下有助于以较低的成本实现特定目标。例如，比起基于市场的激励措施，一项在渔具上安装海龟排除装置的规定更易于实施与执行。随着时间流逝，技术可以使基于市场的措施以全新的方式得以实施，但是法规仍然是渔业管理的核心特征。

市场机制的优势

市场机制在维持种群状态上并非一定比监管措施有效。市场机制的优势在于其体系具有适应其他目标的能力。例如，个体渔船配额制度或捕捞努力量配置制度可以减少"捕捞竞赛"的风险，并提高捕捞作业的安全性和效率。适时上岸的渔民在出售渔获时能够通过以下方式获得高收益：

● 在市场需求高时出售水产品。

● 捕捞作业时秉承"质量第一，速度第二"的原则，从而捕获高质量的水产品。

● 选择进入海鲜市场而非冷冻市场出售渔获。

捕捞速度较慢的渔民可以优化投入（比如减少燃料使用），使捕捞作业更安全、高效且有利可图。

许多渔业都存在产能过剩问题，而且转产转业计划和其他削减产能的政策均消耗大量资源。第三章表明，产能过剩实际上是技术和政治经济问题，是由渔民面临的经济激励所引发的。如果市场工具（例如配额或努力量配置）具备可交易性，通过促进渔船集中就能够有效降低渔船队产能。如果政策目标旨在维持渔船队的组成和分配，那么市场工具会引发许多问题。

然而，规模适当的渔船队会带来诸多好处：提升政策改革的灵活度，提高每个渔民的收益，降低过度捕捞的风险，并且有可能降低监测和执法的成本（文本框 4.1）。

文本框 4.1　"天然"的渔业管理实验范例：大西洋扇贝渔业

加拿大和美国渔民在相同环境条件下以相同技术开发大西洋扇贝渔业。然而，自从实行可交易配额制度之后，1984 年，加拿大与美国的渔业管理体系出现了显著偏离。自偏离出现以后，双方的盈利模式和双方海域的鱼类种群状态均经历了变化，从而为我们提供了一个"天然"的渔业管理实验范例。

美国

美国渔业一直执行准入开放政策，但是自 1994 年停止发放新许可证以来，开始执行准入限制政策。当时，许可证的持有者超过 350 人，其中包括过去所有记录在案的曾经拥有扇贝捕捞经历的渔民。据统计，该许可证数量比重建种群所应该匹配的产能高出 33%。许可证只能通过出卖或转让所属渔船进行转让，同时许可证不能与其他许可证一起"依附"于其他渔船。该政策对巩固渔业起到阻碍作用，但对于限制许可证持有人的出海捕捞扇贝天数具有重大作用。

由于出现产能过剩，美国政府还采取了其他措施以控制捕捞努力量。到 2000 年，允许出海捕捞的天数从 200 天减少到 120 天。据估计，全职渔船无法在正常作业下在 120 天的出海天数内收回固定成本。政策规定渔船可载最大船员人数为 7 人，由于出海时给扇贝剥壳是劳动密集型工作，所以上述政策限制对扇贝渔业发展非常不利。同时，政策规定了扇贝捕捞网具上铁环的最小直径，使小扇贝可以逃脱被捕捞的命运，由此规定了最小捕捞尺寸。换言之，美国政府采取严格的努力量控制措施，且这些措施通过强制监督和执法执行。

加拿大

加拿大扇贝渔业在 1984 年引入**企业分配（Enterprise Allocation）**体系。在企业分配体系中，经营公司而非个体渔船获得了捕捞配额，之后公司按照其最佳获利方式进行配额捕捞作业。加拿大政府根据渔业界的建议设置最大可捕捞量，但是坚持要求许可证持有者自己制定初始配额分配。

结果

　　由于许可证持有者具有灵活性,所以他们有能力合理规划产能变化,意味着加拿大渔业能够更有效利用其固定资本。美国对出海捕捞天数的限制对那些本想要加快捕捞效率的捕捞作业者产生重大影响。

　　评价盈利能力的一个重要指标就是每日出海捕捞量。运营成本(包括燃油、冰块、食物和船员成本)随着出海天数的增加呈线性增长。因此,评价渔船作业效率的最佳指标是每日出海捕捞量。根据这一指标,加拿大扇贝渔船具有显著优势。引入企业分配体系以来,加拿大每日出海捕捞量增加近四倍。就加拿大而言,该国的扇贝资源丰度更高,各个部门合作的调查项目提供了扇贝资源的详尽信息。获得最大可捕捞量的过程中努力量很少被浪费。此外,捕捞作业的目标仅为成熟的大扇贝,因而在单次拖网中获得产量更大、价值更高的渔获量。然而,美国的情况却不同。由于捕捞努力量过剩,扇贝资源量丰度下降,扇贝渔业对未成熟扇贝的依赖性增大,加上对资源状况了解不够,美国扇贝渔业的每日捕捞量显著下降。鉴于上述两国渔业管理体系的偏离趋势,1998年加拿大渔船的每日捕捞量大大提升,和美国渔船之间至少有七倍的差距,尽管1986年渔业制度出现偏离时两国之间仅相差70%。

参考文献

Repetto, R. (2001), "A natural experiment in fisheries management", Marine Policy, Vol. 25, pp. 251-264.

　　可交易性可以通过降低平均成本来增加渔业产生的资源租金。低成本渔民购买高成本渔民的权利就会出现上述状况——这一交易对双方有利且提高了渔业的整体盈利能力。

财产权

　　如果渔民未拥有与鱼类种群或捕捞相关的权利,那么渔民争夺渔业资源的竞争将导致资源过度开发和租金消散。而租金消散不完全是经济层面的问题,渔业政策通常至少保留渔业的一部分租金。此外,租金在渔业开放准入的情况下逐渐消散,并非由于供应链上下经济利益,而是由于死亡渔获物数量增加、效率低下以及渔民非必须承担的无谓成本。市场机制通过将产权转让给渔民解决上述租金问题。

　　财产权包含几个独立的属性(文本框4.2),每个属性在经济工具中发挥特殊影响和作用。而制定经济工具时必须考虑选择财产权中的某个属性。由于可交易性通常导致产业合并与结构调整,所以饱受争议。然而,可交易的能力对市场工具的效率效益至关重要。由于可交易性是市场机制的关键特征,所以市场创造概念集中体现在可转让许可证上。

文本框 4.2　财产权的属性

排他性（Exclusivity）：是指禁止他人破坏或干扰所有者的权利。

存续时间（Duration）：是指权利所有者行使所有权的时长。

所有权质量（Quality of Title）：是指财产权的确定性、安全性和强制性。在某些情况下，人们有进行财产权自我强化的强烈动机。

可转移性（Transferability）：是指所有权拥有可以出售、出租或交易的特点。

可分性（Divisibility）：1）更严格地分割产权，可产生新的公认权利；这些公认权利可以通过季节、地区、渔场、物种、年龄或其他分类标准进行区分；2）分割配额，然后把分割后的配额转让给他人。

灵活性（Flexibility）：是指产权持有者通过"自由"开展相关操作来实现目标。

参考文献

OECD (2006), *Using Market Mechanisms to Manage Fisheries – Smoothing the Path*, OECD, Paris, http://dx.doi.org/10.1787/9789264036581-en.

　　财产权的每个属性都跟不同的具体目标相关。一些属性（排他性、灵活性和存续时间）主要是为了促进现有产能的利用，一些属性（可分性和灵活性）容许生物与经济变化的短期调整，还有一些属性（持续时间、所有权质量和可转移性）的目标是实现渔业的长期调整和稳健投资。

市场机制的制定与选择

　　经济合作与发展组织成员国根据不同产权下的分产权建立系列管理机制（表 4.1）。

表 4.1　主要的管理机制：示例与主要特征

市场机制	主要特征和目标	采用该管理机制的渔业与国家	主要特征
特定区域使用权	将特定区域分配给一个团体，该团体使用者共同分享权利；权利持续时间长，且该权利在该团体内有较高的可转让性（包括正式和非正式两类转让性）。	美人蛤（冰岛）；牡蛎（美国）；蚌类和贝类（新西兰）；鲍鱼（日本）；湖泊和沿海地区资源（瑞典）；水产养殖业（墨西哥）。	首先分配给团体，然后在团体成员内分配渔业权利；通常持续时间长，且团体内具有高度的正式与非正式的可转移性。
基于渔业社区的捕捞配额	配额分配给"渔业社区"，然后捕捞权在合作基础上分配给渔民。	日本；韩国；加拿大；爱斯基摩人和阿拉斯加阿留申人的社区发展配额（美国）；分配给毛利人的最大可捕获量的永久配额（新西兰）；分配给生产者组织的集体配额（欧洲联盟）。	高度排外性、可分性和灵活性；取决于社区规模和凝聚力，有可能减少"捕捞竞赛"状况，并允许短期调整。

市场机制	主要特征和目标	采用该管理机制的渔业与国家	主要特征
渔船捕捞限额	限制渔船在一定时期内或每次出海渔业作业的上岸渔获量。	澳大利亚;加拿大;丹麦;法国;德国;意大利;爱尔兰;荷兰;新西兰;挪威;英国;美国。	大部分产权处于较低或中等水平;具有有限排他性,不能减少"捕捞竞赛",但是提升了灵活性和所有权质量;一些创新性变化可能在短期内缓解生物和经济变化的调整。
个人不可转让配额	授予一个渔民捕捞给定渔获量的权利(大部分是最大可捕捞量的一部分)。	德国;英国;意大利;西班牙;丹麦;挪威;加拿大;葡萄牙;美国;法国;比利时。	具有较高排他性与灵活性,让渔民能够以低成本获得权利。"捕捞竞赛"几乎被淘汰,而且投资也转向渔业;然而,捕捞效率由于可转让性的缺失而受限。
个人可转让配额	提供了捕捞给定渔获量(最大可捕捞量的一部分)的权利,该权利可以被转让。	澳大利亚;加拿大;冰岛;新西兰;挪威;波兰;美国。	个人可转让配额制度在许多衡量标准上均获得较高评价;允许对投资选择进行长期刺激,并优化短期捕捞产能。
有限的不可转让许可证	可以颁发给渔船、渔船所有者或者颁发给两者;必须限制数量,仅适用于市场化的特定鱼类种群和渔业。	澳大利亚;比利时;加拿大;希腊;冰岛;意大利;日本;荷兰;英国;美国;法国;日本;西班牙。	有助于减少"捕捞竞赛",并通过限制准入而防止租金消散;但是可转移性和可分性限制了产能的最佳使用。
有限的可转让许可证	增强对渔民的激励,以根据自然和经济状况在短期及长期内调整产能和捕捞努力量。	墨西哥;英国;挪威;法国(程度上较轻)。	所有特征的排名均相对较高;且一般发放时间较长,但缺乏不可分性,导致许可证不能根据经济和自然波动实现经济短期调整。
个人不可转让捕捞努力量配额	该权利依附于渔民在给定时间内可以使用的捕捞努力量。	可允许捕捞天数(冰岛,比利时);螃蟹与龙虾渔业中有限的下网数(加拿大,法国,英国,美国);扇贝渔业限制每天捕捞时间(法国)。	对所有权属性的影响为中到高(排他性;存续时间;所有权质量),对其他属性的影响较低;当渔业规模小且同类时,会产生某种形式的间接排他性,因而当短期和长期调整仍然有限时,可以吸引稳健投资。该配额制度多用于定居种渔业。
个人可转让努力量配额	权利虽然相同,但可转让。	可交易的捕捞天数(澳大利亚,西班牙300艘渔船船队);以及可交易的产能(瑞典)。	可转让性使短期和长期调整变得容易,从而更容易、更好地利用捕捞产能。

参考文献

OECD (2006), Using Market Mechanisms to Manage Fisheries: Smoothing the Path, OECD Publishing, Paris, http://dx.doi.org/10.1787/9789264036581-en.

渔民特别关注长期权利。渔民认为长期权利的确立将种群转化为资本资产,同时他们将寻求资本价值的最大化。如果鱼类种群状况的改善能够通过提升未来捕捞量而让渔民受益,那么渔民在拥有权利时间较短或未拥有权利时也有动力养护种群和增加种群数量。

渔民一直致力于实现个人配额价值的最大化,其主要积极影响是为了提升捕捞量,渔民将有动力养护种群资源。但个人配额价值最大化也会带来消极影响(行为),例如渔获物的上岸价增高,或者未申报上岸渔获量的现象不断增加。如果渔民无法增加个人配额,那么他们将不得不放弃超出配额部分的捕捞量。

一般情况下,由于对个人配额的监督和执法费用较高,所以回收管理成本成为一个重要问题。加拿大、冰岛、新西兰等几个国家均采用"成本回收机制",以抵消个体可转让配额的行政和执法费用。总之,相比较增加纳税人的负担,向受益人收取行政和执法费用更可行。然而对于渔民来说,在最初执行期间,权利带来的价值比行政费用低,所以渔民不愿承担行政费用。但是,该权利带来的价值会随着时间推移不断增长,特别是当初始种群状况不佳时,这一现象十分显著。因此,显然分阶段收回成本的措施需谨慎执行。

"国际所有权质量"会影响所有市场化工具。如果多个利益相关方分享种群资源,那么所有权质量一定程度上取决于各方之间的合作度。如果外来者捕捞种群资源,则会降低欧盟国家管理机制中的权利质量(例如荷兰的个别可转让配额制度和法国的渔船捕捞限额)以及区域性渔业管理组织(Regional Fisheries Management Organizations,RFMOs)下属的组织与委员会(比如西北大西洋渔业组织、东北大西洋渔业委员会)的权利质量。如果国际合作受限且第三方可准入渔业(该行为导致非法、未报告和无管制捕捞),那么就会出现两大问题:

● 开展渔业管理的国家的"主权风险"可能上升(比如,由于有非法、未报告和无管制捕捞,渔业可能在配额耗尽前就被关闭)。

● 非法、未报告和无管制捕捞对遵守渔业规定的权利拥有者产生负面影响,因为他们遭遇"不公平"竞争。

市场机制的实施:追随的轨迹

根据以往经验与研究,渔业管理者必须应对一系列技术、社会和行政上的挑战,才能成功制定和实施基于市场机制的渔业管理体系。针对跨界鱼类种群和高度洄游鱼类种群,国内渔民被迫采取特殊捕捞方式和管理模式。由于特殊捕捞方式和管理模式会带来竞争压力或国际义务,进而对这一国家渔业造成限制,所以使得改革很难开展。以下十种操作路径或抉择能够解决上述挑战,并可以作为一种"改革策略"推动向可持续渔业过渡(OECD,2006)。

1. 提升所有利益相关者对市场机制概念的认可

广受欢迎的市场机制面临两大障碍：其一，对该工具性质的错误认识——通过向渔业利益相关者更好地解释政策工具的用途，可以克服人们的错误认识；其二，对于"私有化"渔业资源这种公共财产的担忧——通过澄清事实，即使用权不等于所有权，可以消除担忧。因此，渔业是公共资源的观点不应被遗忘，事实上市场工具有助于最大限度提高公共利益。

2. 利用增量措施执行市场工具

让利益相关者接受改革，管理改革的技术细节（例如过渡期持续时间、种群重建率）至关重要——因此政策制定者有必要首先对建议的变化率达成共识。另外，政策制定者应当在实现改革最优化的基础上提出建议。

实施新一代管理体系能够逐步降低其所带来的经济和社会影响，并维持流程的可管理性。而该体系应首先重点关注渔船队，比如关注渔船队所具有的某些特点——这些特点可以使渔船队能很快适应管理改革，关注渔船队的交易代价——该代价并不是非常昂贵。举例而言，拥有少量相同利益相关者的渔船队就具有上述特点。

经济合作与发展组织成员国的经验表明，市场机制得以逐步实施通常要做到以下几点：1）落实主要针对幼鱼养护、其次针对捕捞量限制的技术措施；2）建立不可转让使用权制度（比如限制不可转让许可证、个人配额等等）；3）建立部分、非正式或完全可转让制度（渔业个别可转让配额制度应与政策相适应，如果不能适应，则执行可转让许可证制度）。该管理体系应该首先运用于大型渔业者，之后进一步运用于从事小型渔业的近海渔民。

3. 避免采用"一刀切"方法

市场工具的数量与工具的实施情况表明，多种类型的不同措施都能取得成功。即使对个别可转让配额制度等"强劲"工具而言，各国在制定和实施这些制度时也有巨大差异，表明渔业在各国经济、社会、历史和文化方面的角色不同，同时这些差异也要求管理者在制定制度阶段必须灵活变通。

因此，制度应该尽可能保持一致。将相同的管理手段应用到不同渔业中具有许多好处，比如经济规模得以提升，可以从实践中接受教训。上述政策工具能够降低监测及管理的难度并提升效率，同时促进利益相关者与监管者对政策的理解——当司法管辖权发生重叠但需遵循不同规则时，这一点尤为重要。对于一个国家而言，笼统的渔业管理能够从同类性高且综合性高的市场化工具体制中获益——事实上，市场工具体制能够降低渔业管理在不同市场化工具下产生的"产能迁移"问题。

根据经济合作与发展组织成员国的经验，部分特定渔业团体（例如英国以及冰岛出现的小规模渔业运营商）可能不属于"笼统"体系（文本框4.3）。尽管技术措施在大多数情况下占上风,但是,当异类性管理体系无法显著实现渔业管理的复杂化或需要使一些渔业准入"不受监管"(至少暂时不受监管)时,多种准入监管体系或该体系下的几种变体就能够共存。

实际上,每项渔业活动的不同社会目标可以解释不同市场化工具共存的原因。渔业目标很广泛,包括社会、文化、政治、经济和生态目标。在任何情况下,渔业的多重目标都取决于社会政策。反之,渔业制度与管理措施取决于上述目标与每个目标各自的优先事项(Crutchfield,1973;FAO,1997;OECD,1997;OECD,2000;Charles,2001)。一些国家沿海渔业的主要管理目标是尽可能保持稳定的就业水平。在此情况下,政府部门倾向于选择执行不可转让的**有限许可**(Limited License, LL)或不可转让**个体捕捞配额**(Individual Quota, IQ)和**个体捕捞努力量**(Individual Effort, IE)(这些配额制度可以确保渔业社区的稳定性和凝聚力)作为市场工具,而在其他渔业(比如大型渔业)执行不同的市场工具。

文本框 4.3   英吉利海峡海鲈渔业的混合式管理工具

就英吉利海峡海鲈渔业而言,少数大型渔业运营商(远洋拖网渔船)捕捞了大部分的渔获量,而剩下的少量渔获量由大量小规模渔业渔民(从事商业延绳钓渔业与休闲延绳钓渔业)捕捞。在此情况下,渔业管理者有必要关注对渔业资源产生巨大影响的渔船以及最容易监控的渔船。就海鲈渔业而言,当小规模渔业渔船对捕获量几乎没有影响时,密切管理和监督这些渔船的成本就超出了收益。

参考文献

OECD (2006), Using Market Mechanisms to Manage Fisheries: Smoothing the Path, OECD Publishing, Paris, http://dx.doi.org/10.1787/9789264036581-en.

---

4. 合理规划权利分配的过程

诸如谁是权利的使用者以及可以使用多少的权利这类问题在实践中十分棘手,因为这些问题又引出两个关键问题:如何进行最初的权利分配? 权利的未来发展如何? 从理论角度来看,如果权利持有者可以相互进行自由贸易,那么权利的**初期分配**(Initial Allocation)不会影响其终期分配。然而,权利的初期分配会影响效益的分配。

事实上,权利分配并不是由经济状况或实力决定,而是由政治决定。权利分配由分配、公平与共识驱动,而不是由效率(可交易性会决定效率)驱动。而管理者所要应对的挑战就是尽量减少冲突和成本。强劲利益相关者参与渔业能使渔业优胜劣汰,所以成功的权利分配能够从中获益。某些形式的申诉流程能有效应对特殊性困难。有时候,分两个阶段分配权利具有很强的实用性。权利先全部分配给渔业社区、捕捞产业或其他团体,然后每个社区或团体再确定获得权利的个体以及他们能获得权利的数量。

对于投资决策和改革的社会可接受性而言,捕捞权期限是一个重要的因素。如果没有长期准入权利,那么渔民就不愿意通过短期牺牲来获取种群状况的长期改善;换句话说,渔民必须能够从其投资中获益。澳大利亚的个人权利渔业管理体系之所以被认可,主要原因是澳大利亚政府明确承诺永久保持现有特权,并确保不会通过公开拍卖的方式重新分配权利。

通常情况下,使用权根据历史渔获量免费分配给渔业从业者。这种分配方式能够使现有从业者的损失最小化,并免费为从业者提供一种潜在的有价值的资产——如此一来,该分配方式就能够获得从业者的认可(文本框 4.4)。过度捕捞渔业的权利价值通常较低,但是该价值随着资源的恢复可以迅速升值(OECD, 2010)。但是如此一来,政策制定者就不能决定谁将从改革中获益——因为现有从业者已然获益。因此,该方式的公平性存在争议——特别是当捕获量需要记录的时期属于过度捕捞和资源枯竭的时期,该争议就尤为激烈,因为那些未造成过度捕捞的从业者却仅获得最低配额。为了解决该问题,在管理系统许可前提下,政府可在初始分配之后购买和重新分配权利。政府也可以对租金征税,这样随着时间推移,税金不断提升,从而将获益重新分配给广泛人群。因此,尽管根据历史捕捞量进行免费分配的方式非常务实,但是该分配方式可以使决策者在制定政策时进行折中。

文本框 4.4　芬兰鲑鱼渔业个体可转让配额制度中的初期分配

1991 年,芬兰鲑鱼渔业引入个体可转让配额体系来分配总可捕捞量。芬兰鲑鱼渔业一直面临着由开放式准入引发的问题,且这些问题引发了一系列的后果,比如早期捕捞努力量较高而导致渔季缩短等。起初,政策制定者提议拍卖初期权利,从而达到近乎最优的配额分配。该体系对过去的管理依赖较少且适用所有人,政策制定者相信该体系更为公平——小范围的权利可以减少竞争。

但是芬兰渔民强烈反对个体可转让配额体系——渔民认为该体系不仅增加了不确定性,还使得他们没有资金购买配额(因为渔民已经在没有个体可转让配额体系的情况下进行了投资)。如此一来,政策制定者不得不执行折中的解决方式——根据历史捕捞量把大部分总可捕捞量分配给渔民,而剩余捕捞量进行拍卖。但是上述折中方案并未出台,并不是由于政府不关注渔民的担忧和困难,而是因为个体可转让配额体系的支持者意识到,只有所有渔民接受初始分配,该分配方案才能取得成功。

政策制定者认为,将大量配额免费分配给渔民相当于为执行该管理体系付出了代价。但是,该管理体系下,一部分配额不得不进行拍卖,这样芬兰自由竞争管理部门才允许执行这种管理体系。因此,任何改革都包括务实性的妥协以及对制度缺陷的承认。

参考文献
OECD (1993), The Use of Individual Quotas in Fisheries Management, OECD Publishing, Paris.

5. 推进市场措施的实用性

准入权利的**可交易性**(Tradability)具有争议,这是由于它会引发不可控的产业整合,从而与分配政策目标发生冲突。然而,可交易性是市场措施获得效率效益的关键,同时也是市场机制的理想特征。

- 通过市场选择,可以获得最高利润的渔业经营者得以生存下来,因此长期可交易性可以促进渔业产业结构调整。
- 短期可交易性促进渔业的灵活性(确保高效使用权利)。
- 可交易性使得捕捞权的真正价值得以在市场中实现。对捕捞权进行明确或官方的定价,其价值就可以被计入渔业公司资产,且可用作抵押品。同时,捕捞权的定价还提升了正确管理决策的透明度。例如,如果捕捞权未被明确或官方定价,其价格可以通过相关渔船价格的形式资本化,如此一来,各个价格便得到了整合。

准入权利**储备**(Banking)规定,权利持有者可以延迟使用权利或把权利留待今后备用。权利**借用**(Borrowing)规定,渔民可以在特定时间点享有超过其允许水平的配额,代价是减少下一个渔季的配额。如果有恰当的保障措施,那么以上两条规定为渔业运营商提供了灵活性。澳大利亚的几种渔业均制定了相关规章制度以限制配额超支。新西兰的渔民则可以超过原始配额的10%。

然而,部分渔业倾向于根据投入制度实施替代性的可交易政策。这些政策将捕捞可能性(个人捕捞量配额)转换为产能(个人捕捞努力量配额),可能最适用于定居种(比如螃蟹、龙虾)渔业。

6. 解决权利集中问题

如上所述,可交易捕捞权能促进大型运营商的渔业整合,使小规模渔业社区面临失业困境。当渔民向不从事捕捞作业的捕捞权利持有者支付准入费用时,小规模渔业社区也会面临失业困境。小规模渔业社区的减少最终将导致冲突和纠纷。

通常情况下,人们认为渔业或其他产业经济集中或经济整合有助于产生规模经济和经济效益。然而,对于小型传统或手工渔业而言,在某些情况下,经济整合会减少渔业所发挥的重要社会作用。这种情况下,将相同的管理政策运用于不同渔业团体不一定可取。为了获得社会和经济目标而确定市场机制的适用范围是一项挑战,应当使用适应性管理原则来监测改革带来的影响。通过提出有针对性的政策,农村和地方发展政策可以提高农村地区对居民和投资者的吸引力。

租用渔业(Tenant Fishing)体系中,渔民需支付捕捞权持有人相关的捕捞权使用费。虽然这看上去不公平,但与农民在租赁土地上进行耕种的情形完全一样。但是,渔民可能有很多理由选择租用捕捞权而不是购买捕捞权。此外,活跃的捕捞权租赁市场可以让用户更了解权利与资源的价值。通过确保初期权利分配的公平和租赁市场的透明与开放,政策制定者可以减少遭受公众批评的风险。

7. 应用"示范效果"(Demonstration Effect)

事前影响评估(**Ex Ante Impact Assessment**)有助于确定赢家、输家和总收益,从而减少政策改革结果的不确定性。然而,适当的影响评估(本身具有不确定性)可能要比改革的整体预算还要昂贵。作为替代方案,管理者还可以从其他地区市场机制的成功实践中汲取经验。随着市场政策工具越来越多地应用到渔业当中,管理者将会得到更加积极的实践经验,并且不断提升渔业管理的整体信心。

8. 提高利益相关者的改革参与度

渔业和从事沿海或海洋经济的利益相关者必须密切参与到整个机制改革中,从而提高其参与改革过程与享受改革结果的"主人翁"机会。利益相关者参与改革具有两个明显优势:1)最大限度减少与分配和公平问题相关的冲突;2)降低长期遵守制度所付出的成本。本章第4节所概括的权利分配两阶段过程是将责任转移到当地社区和组织、从而转移批评并分担责任的范例。

如果渔业本身在积极推进改革,那么利益相关者参与改革的难度将降低——在加拿大、荷兰、冰岛和新西兰等国,利益相关者参与改革是促进渔业改革的动力。在新西兰,捕捞权持有者甚至联合起来为自主研究活动(例如针对岩龙虾和长尾鳕渔业的研究)提供资金。

清晰描述改革结果将有助于利益相关者理解、相信并接受改革。任何改革都存在失败者。一定要阐明短期的负面经济影响和社会影响,并阐明减轻其影响(如果有的话)的方法。预先投入时间与精力将有助于确保改革的成功实施。

9. 整合渔业特征

根据目标渔业的具体特征制定并实施具体的工作机制很重要。目标渔业的具体特征包括:

- 自然波动的程度:大多数管理体系根据定期核查的结果来确定最大可捕捞量或**总允许捕捞努力量**(**Total Allowable Effort,TAE**)的固定百分比。一些分配方式把捕捞权无限期地分配给渔业运营商。而其他分配方式则把捕捞权在设定期限内分配给固定个体,并且根据种群年度变化调整捕捞量,调整方式包括到期时重新分配捕捞权或者回购剩余权利并发行额外权利。
- 生物和技术之间的相互作用(单种群渔业与多种群渔业):多个市场机制可以解决多种群渔业面临的问题:将所有渔获物用标准单位计算;引入"兼捕配额"(欧盟商业鲱鱼渔业的一个特点就是鲱鱼幼鱼兼捕量很大),并对兼捕收取特别费用。在"连续"渔业(在不同时间、不同地点和不同鱼类种群生长阶段以同一种群为目标的渔业就是一种"连续"渔业)中,通过执行资源最大化利用的制度(例如法国螃蟹渔业采用该制度),同时执行其他的管理工具(特别是准入制度和技术措施),可以获得显著的管理效果。

- 渔业资源的性质(洄游鱼类与定居种):市场机制下定居种资源更容易得以恢复,因为鱼类种群是渔民的可靠投资,这些市场机制包括:**基于渔业水域使用权**(**Territorial Use Rights in Fisheries,TURF**)、有限(可转让)许可证和个别可转让配额制度。当鱼类种群洄游时,某个国家对其的专有权就会降低。但是,当洄游鱼类种群跨越行政管辖区域时,个体可转让配额制度便适用于这些洄游鱼类种群的管理(例如,加拿大、意大利和葡萄牙以及澳大利亚南方的蓝鳍金枪鱼执行个别可转让配额制度)。即使最大可捕捞量由区域性渔业管理组织决定,国内渔民仍可从市场机制中获益。

- 渔业的贸易特点(出口导向与当地消费):对于有许多渔获物上岸点且为当地市场供应水产品的渔业而言,产出控制措施很难实施,因为投入控制(例如单个努力量配额)的成本效益更高。然而,由于**集体管理**(**Collective Management,CM**;例如日本的联营制)可以为整个渔业社区提供经济利益,所以该管理方式可以发挥作用。对于渔业地理位置集中、渔获物上岸点少的渔业而言,基于产出的市场机制通常会有比较好的管理效果。虽然可以实施每日、每周或每月渔船捕捞限额(爱尔兰、英国、德国和法国执行这种渔船捕捞限额制度),但是该限额会使渔业灵活性降低。通常情况下,贸易流通比捕捞量更容易监测,因此贸易流通使个别可转让配额制度在外向型渔业中更适用。

10. 提高利弊权衡的务实性

市场机制的制定与实施必须权衡经济效益与其他政策目标之间的利弊,特别是当政策目标涉及分配或者涉及将鱼类种群作为公共(或社区)财产时。也就是说,市场机制有助于实现其他政策目标(例如稳定收入、改善投资环境以及减少产能过剩)。市场机制是渔业总体管理战略的必要组成部分。良好的管理体系可以在提高利弊权衡的务实性的同时确保所有利益相关者的利益最大化。

相关术语

储备(**Banking**):指允许权利持有者推迟使用该权利或把该权利留待日后用。

借用(**Borrowing**):指允许权利持有者在特定时间点超过其允许的配额水平进行捕捞,并以下一个渔季减少配额作为代价。

示范效果(**Demonstration Effect**):指利用其他国家的实践经验来展示改革的好处,

从而克服人们对改革的抵制。

事前影响评估（**Ex Ante Impact Assessment**）：指在执行改革前对新管理措施下的活动进行分析。该评估为改革提供背景概述，并展现改革措施的潜在影响。

初期分配（**Initial Allocation**）：指新的个体配额体系实施时，对渔获量或努力量权利进行分配。

市场创造（**Market Creation**）：指建立个体可交易的市场框架。

租用渔业（**Tenant fishing**）：指渔民付费使用捕捞权持有者的捕捞权开展渔业活动。

可交易性（**Tradability**）：指进行财产或权利交易的能力。

参考文献

1. OECD (2006), Using Market Mechanisms to Manage Fisheries: Smoothing the Path, OECD Publishing, Paris, http://dx.doi.org/10.1787/9789264036581-en.

2. OECD (1993), The Use of Individual Quotas in Fisheries Management, OECD Publishing, Paris.

3. Repetto, R. (2001), "A natural experiment in fisheries management", Marine Policy, Vol. 25, pp. 251-264.

第五章

渔业重建

本章重点介绍渔业重建带来的裨益以及面临的挑战,首先讨论渔业重建的动机,然后概述在不同时期、不同渔业执行的不同重建方法,并比较这些不同重建方法的优缺点。本章也讨论了渔业重建过程中所遭遇的由不确定性和风险引发的挑战。

政策分析

● 致使渔业重建的渔业管理体系一般不适合开展重建工作。如果渔业面临过度捕捞或租金消散问题，而非纯粹的生物或环境问题，那么就需要解决管理系统的缺陷。

● 渔业可持续性只有在鱼类种群状况相对稳定时才出现，如果渔业在最大可持续产量或最大经济产量水平下运营，那么渔业仍然处于过度开发状态。渔业重建能够为渔民和附属产业带来显著的经济效益。

● 渔业重建计划包括相互联系的五个程序：评估、目标设定、工具选择、监测和制订重建后计划。在遭遇不确定性的时候使用结构化措施〔例如**管理战略评估框架（Management Strategy Evaluation, MSE）**〕，才更有可能获得积极结果。

● 渔业重建旨在在一段时间内获得最大利益。在鱼类种群恢复之前实施禁渔可能并非良策，而且禁渔还会带来许多经济风险。成功重建的关键是平衡所有利益相关者在公共目标下的利益以及资源生物学所施加的限制之间的关系。

    渔业重建计划不仅限于鱼类种群的恢复。如果纯粹出于生物学角度进行鱼类种群重建，那么最有效的解决措施往往是实施禁渔，可能还需要执行改善种群和栖息地等相关的管理政策。然而，如果政策制定者的目标是将渔业重建为经济产业，那么他们必须考虑生物学之外的其他因素。同时，他们必须设定时间路径、调整措施和其他计划构建措施。所有基于社会经济因素的重建计划都需要考虑生物学因素——所以，渔业重建计划的终极目标都是健康的鱼类种群状态。除了在最糟糕的情况下，重建生物资源通常都是与经济活动同时进行的。

    许多渔业正面临严峻的资源衰竭和经济效益低的恶劣形势，亟需重建。鱼类种群资源衰竭使生物可持续性和经济繁荣无法实现，但是重建并不一定会成功。比如，尽管暂停渔业活动，西北大西洋鳕鱼渔业还是处于崩溃状态，种群恢复遥遥无期，从而引发了恢复枯竭种群的最佳方法的广泛讨论（Caddy & Agnew, 2004；Rosenberg & Mogensen, 2007；Wakeford, et al., 2007）。为渔业重建制订良好的计划和指导方针有助于确保重建得以成功。

渔业如果不是以最大潜力或接近最大潜力的水平进行运营,那么将失去发展机会。良好的鱼类种群管理可以获得更高收益和更低成本,让渔民的获利增加。根据世界银行的一项研究,世界渔业损失的年租金约为 500 亿美元,主要原因是管理不善(文本框 5.1)。

文本框 5.1 数十亿美元的损失

渔业对全球经济的贡献非常小。据统计,渔业每年损失的经济利益约为 500 亿美元,在过去的三十年中相当于损失了 2 万亿美元。如果把休闲渔业或渔业旅游业的损失也计算在内,渔业的经济损失可能更大。改善管理与全面改革可弥补渔业的大部分损失,从而使渔业推动经济增长。

如果在生物学意义上充分利用鱼类种群资源,渔业就会在低于最佳经济状态下运营。在某些情况下,渔业在生物学上具有可持续性,但是其运营仍遭受着经济损失。实际上,过度开发造成的渔业资本亏损将反映在国家整体资本和国内生产总值增长的总账中。

全球渔业租金损失估计

分类	单位	趋势	最优	差异
生物量	百万吨	148.4	314.2	168.5
捕捞量	百万吨	85.7	80.8	−4.9
努力量	指数	100	56	−44
利润	10 亿美元	−5.0	39.5	44.5

参考文献

World Bank (2009), The Sunken Billions: The Economic Justification for Fisheries Reform, World Bank, DC.

渔业从未脱离经济或社会而单独存在。渔业资源从捕捞到最终消费构成了跨越几个阶段、涉及多个不同利益相关者和市场的长链。很难评估重建对价值链每个要素的具体影响,但总体而言,渔业重建会增加生产链和整个地区经济的福利。

由于缺乏市场,渔业重建和管理涉及的生态因素、物种存在价值和生物多样性等要素不大受市场力量的主导。为了妥善解决这些外部因素,政府的干预十分必要。

除了改善鱼类种群的衰竭状况,渔业重建还出于以下原因:

- 从生态系统角度看,高捕捞死亡率和过度捕捞努力量可能会对海洋环境和其他生物造成负面影响。渔业重建能够确保生物多样性和生态系统复原力。
- 从经济角度看,即使由于过度捕捞而经历低捕捞量的生物可持续渔业也是对经济潜力的浪费,其产生的收益和渔民收入将低于可能的水平。鱼类种群和捕捞量的减少或波动会给加工企业、市场和价值链带来许多问题。渔产品供应和质量波动使零售商很难保证货品供应,且消费者很难评估这些渔产品。同时,渔产品供应和质量波动使物流复杂化,增加了价值链成本。

● 从社会角度看,过度捕捞和过度捕捞努力量会带来许多负面影响,比如就业波动、工作条件恶劣和工人安全得不到保障等。鱼类种群数量下降会带来其他社会影响,比如渔业文化、渔业技术和专业知识的缺失等。规模更大、更稳定的渔获量有利于渔业社区的发展,对就业机会很少的渔业社区而言更是如此。

● 在区域层面,渔业重建的社会经济效益有助于维护沿海地区文化遗产和就业机会。

国际条约的签署(例如《联合国海洋法公约》的签署)致力于通过可持续、负责任的方式管理渔业。在 2002 年世界可持续发展峰会(2002 World Summit on Sustainable Development,WSSD)上,多国政府同意确立重建鱼类种群的伟大目标,即"尽可能在 2015 年之前,且在鱼类种群枯竭之前,实现将种群维持或恢复到能产生最大可持续产量的水平的目标"(UN,2002)。

重建步骤

无论**重建计划**(**Rebuilding Plan**)如何具体制订,均分为五个步骤(图 5.1):

● 第一步:对渔业状况进行经济和环境评估。一旦管理者决定对某一特定渔业进行重建,就需要收集相关数据,还要知晓新信息收集的成本和利益。

● 第二步:制定可行且可持续的目标。确定如何快速重建渔业,明确关键问题,虑及市场、渔民以及渔业将受到什么影响,同时也虑及有哪些不确定因素存在。制定可行性目标时,需明确利益相关者,确定利益相关者在重建计划以及成本与效益分配中的作用和角色。如果重建计划目标与利益相关者利益一致,那么该计划取得成功的可能性更大。

● 第三步:确定实现目标的机制。渔业需要重建,往往意味着以往措施存在缺点,说明需要对管理工具与监管框架进行改革。一些机制(例如解决过渡问题的调整辅助措施以及其他措施)将在重建完成之后停止执行(见第六章),而其他机制的耐用性则会更强些。

● 第四步:确定监测重建计划绩效的机制。如果对重建计划的成败与否进行透明且协作的监测,那么就可以提供重要的反馈信息并帮助建立共识。重建计划本身应该具有灵活性,且应该包含适应性机制。例如,如果监测机制表明生物或社会经济环境发生变化,那么目标和机制都可以在无需重启整个过程的基础上进行修改。

● 第五步：制定重建后的渔业管理制度，以保持改革和重建的后续动力，把未来渔业资源再次遭遇衰竭的风险降至最低，从而维持渔业始终可持续发展。此外，利益相关者必须从该重建后的渔业管理制度中获益，且主动解决自身阻碍重建后渔业发展的问题（Sutinen, 2008）。

图 5.1 所示的渔业重建计划的五个步骤相互依赖。例如，在现实情况中，监督和执行所遭遇的约束可能限制其目标和机制。此外，不同的机制需要不同的监测措施。实际上，重建计划应该是"一揽子工程"，包含各个步骤中的每个因素。

1. 评估渔业状况
 • 鱼类种群
 • 产业
 • 社会

2. 制定可行且可持续的目标
 • 轨迹
 • 不确定性
 • 市场
 • 渔民
 • 产业

3. 确定实现目标的机制
 • 工具
 • 法律和监管框架

4. 监督和执行计划
 • 健全必要的监督域监视能力
 • 获得第2步的反馈

5. 重建计划到长期可持续渔业的过渡

参考文献

OECD (2012), Rebuilding Fisheries: The Way Forward, OECD Publishing, Paris, http://dx.doi.org/10.1787/9789264176935-en.

图 5.1　渔业重建计划步骤

重建速度

为了保持种群数量的增长，捕捞作业时不能将鱼"赶尽杀绝"，因此所有重建计划的目标中都包含降低（至少暂时降低）渔业捕捞死亡率。如果要确定减少捕捞量以及恢复鱼类种群的方法，则需要权衡短期损失和长期收益之间的关系。

图 5.2 显示了达到目标种群状况和目标捕捞水平的三种不同**捕捞轨迹（Harvesting Trajectories）**。每个捕捞轨迹涉及的计划中都表明，生物量增长速度在捕捞率较低时达到最快，所以在重建过程中，早期的低捕捞率可以有助于更快达到目标生物量，因而也有助于更快达到目标捕捞率。图中粗线展示的重建计划是在鱼类种群完全恢复之前实施禁渔政策。其他两个计划未实施禁渔政策，但是根据计划早期的可允许捕捞率以及相应的调整政策，两者之间存在差异性，该差异性一直到目标捕捞率达到后才消失。细线代

表的计划拥有较低的初始捕获率且政策保守(尽管未实施禁渔政策)。在该计划下,捕捞率在目标捕捞率(以及目标生物量)达到之前快速增长,比起禁捕政策,该计划下的目标捕捞率会在中后期达到。虚线代表的计划拥有较高的初始捕获率,其捕获率增长速度随后会减慢,意味着在该计划下的目标捕获率要在后期才能达到。上述轨迹可以根据其达到目标生物量和捕获率的速度分别命名为:"快速"(方案 1),"中速"(方案 2)和"慢速"(方案 3)。

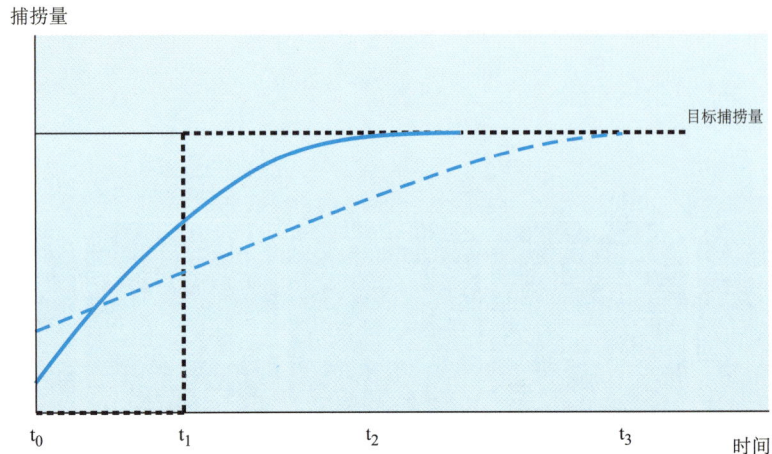

参考文献

OECD (2012), Rebuilding Fisheries: The Way Forward, OECD Publishing, Paris, http://dx.doi.org/10.1787/9789264176935-en.

图 5.2 三种不同的捕捞轨迹

三种不同捕捞轨迹涉及的三个不同计划是不同捕捞控制制度(捕捞死亡率)下的范例。这些捕捞控制制度在渔业经济学中被称为捕获规则或反馈规则,可以根据给定时间内的鱼类种群数量来确定合法捕捞量(Anderson,2010;OECD,2009)。为了促进鱼类种群数量增长,只要种群数量小于捕捞目标数量,恢复性的捕捞控制制度(Recovery Harvest Control)就必须低于种群数量增长率的捕获率。

重建速度以及捕捞目标的选择都依赖于"贴现率"——短期收益与长期收益之间的相对偏好。个人、公司和政府根据其各自需求、目标和管理框架确定不同的折现率。此外,作为具备长远眼光的资源管理者,政府通常会考虑子孙后代的利益。然而,私人性质的利益相关者会更注重短期收益,特别是当他们获取未来收益的能力不确定时。

政府性质和私人性质的利益相关者之间的偏好差异会引发许多问题,特别是当需要获得利益相关者的支持时。政府性质的利益相关者认为会产生净收益的重建计划对于私人性质的利益相关者而言可能并不可取。这就是为什么重建计划总是渐进式的,而非快速重建种群以求短期内得到更多收益。Costello 等人(2010)的研究表明,在很多情况下,重建的最优速度往往慢于实现重建的最快速度(文本框 5.2)。

　　但是,利益相关者可能不希望推迟重建进程,而政府也可能不希望加快重建速度。如果重建耗时过长,那么利益相关者团体组成可能发生的变化可能将导致利益相关者无法从中获益。如果利益相关者得到了鱼类种群捕捞的既得利益,那么他们会将鱼类种群当作资产以实现资产最大化——如此一来,就更有可能使他们的目标与渔业管理者的目标一致(详见第四章)。

文本框 5.2　重建价值研究

　　Costello 等人运用模型验证了三种不同的重建策略(分别命名为"快速""慢速"和"最优速"重建策略),所有策略都以渔业未重建且处于崩溃的状态为基准。在所有三种重建策略下,渔业最初都处于崩溃状态。在"快速"策略中,在种群生物量达到设定标准前,渔业都处于关闭状态。在"最优速"策略中,在种群生物量达到设定目标之前,都可以通过开展经济最优政策下的捕捞作业实现重建渔业。在"慢速"策略中,在本应开展渔业重建的期间,捕捞努力量超出经济最优政策下捕捞努力量的20%。当种群生物量达到目标量时,将执行经济最优化政策。以下表格将上述三个重建策略与将渔业维持在崩溃状态的净现值进行比较,比较结果如下所示。

每年净现值(2008 年 / 千美元)

种类	基准	"最优速"策略下的附加值	"快速"策略下的附加值	"慢速"策略下的附加值	重建时间(年) 最优速	快速	慢速
亚热带小型中上层鱼	38 705	64 236	41 953	64 025	8	7	9
亚热带虾	391	23 908	17 283	23 262	4	2	4
亚热带石斑鱼	997	1 779	1 655	1 788	5	3	5
冷温带扇贝	2 343	96 499	92 621	94 382	15	5	16
冷温带比目鱼	9 561	37 306	29 508	36 126	6	3	7
亚热带隆头鱼	58	131	117	124	10	4	10
亚热带鲷鱼	1 812	2 887	1 656	2 835	8	7	8
亚热带鲹鱼	650	2 526	2 308	2 523	8	4	8
温带鳕鱼	5 699	228 427	182 698	218 226	7	2	7
热带 / 亚热带龙虾	9 000	24 602	18 257	23 565	6	2	6
温带岩鱼	23	17	13	18	26	19	29
亚热带海鲋	208	601	579	573	22	6	29
暖温带鲷鱼	449	1 580	1 453	1 576	17	6	18
冷温带鳗目鱼	4 783	1 405	1 430	773	5	3	6
温带鲛鳒鱼	30 219	134 929	128 859	133 815	19	3	28
温带豚鱼	1 242	2 815	2 812	2 689	12	4	18
亚热带蛤	36	3	−7	3	4	4	5
温带小型中上层鱼	9 654	22 282	20 010	22 223	24	14	25

给定不同的重建时间(最优速、快速和慢速策略)。

参考文献

Costello, C. et al. (2012), "The Economic Value of Rebuilding Fisheries", OECD Food, Agriculture and Fisheries Papers, No. 55, OECD Publishing, Paris, http://dx.doi.org/10.1787/5k9bfqnmptd2-en.

重建计划的不确定性

渔业重建计划制订与实施中的不确定性与以下原因有关：对生态系统的认识不充分；捕捞作业本身的问题；自然环境的影响；人为条件变化对该捕捞作业的影响。（重建计划中的不确定性主要原因详见图5.3）

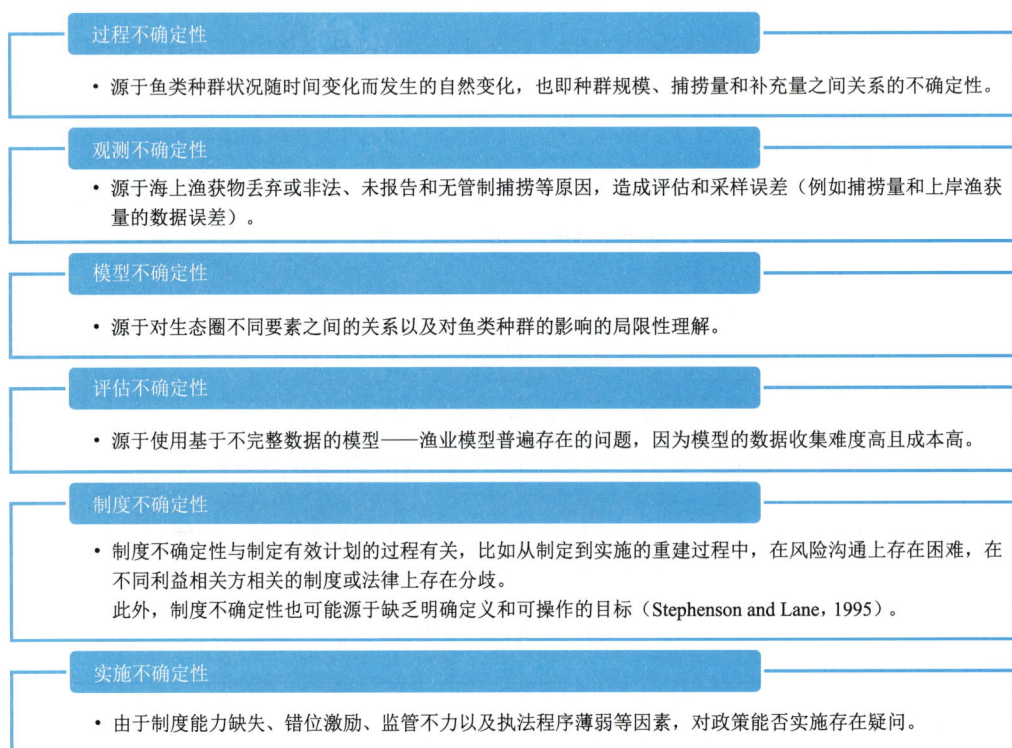

过程不确定性
- 源于鱼类种群状况随时间变化而发生的自然变化，也即种群规模、捕捞量和补充量之间关系的不确定性。

观测不确定性
- 源于海上渔获物丢弃或非法、未报告和无管制捕捞等原因，造成评估和采样误差（例如捕捞量和上岸渔获量的数据误差）。

模型不确定性
- 源于对生态圈不同要素之间的关系以及对鱼类种群的影响的局限性理解。

评估不确定性
- 源于使用基于不完整数据的模型——渔业模型普遍存在的问题，因为模型的数据收集难度高且成本高。

制度不确定性
- 制度不确定性与制定有效计划的过程有关，比如从制定到实施的重建过程中，在风险沟通上存在困难，在不同利益相关方相关的制度或法律上存在分歧。
- 此外，制度不确定性也可能源于缺乏明确定义和可操作的目标（Stephenson and Lane，1995）。

实施不确定性
- 由于制度能力缺失、错位激励、监管不力以及执法程序薄弱等因素，对政策能否实施存在疑问。

参考文献

OECD (2012), Rebuilding Fisheries: The Way Forward, OECD Publishing, Paris, http://dx.doi.org/10.1787/ 9789264176935-en.

图5.3 重建计划不确定性的主要原因

由于很难根据不完整和不完善的数据与信息预测未来，从而有上述四种不同的不确定性原因。从本质上而言，重建必须具有前瞻性，所以渔业管理者经常呼吁建立模型，从而有助于他们理解并做出决策。渔业管理者并不是由于该模型准确或适合于任务才这么做，而是由于对此类信息的迫切需求。如果了解可用的管理工具的局限性，那就会有助于确保重建计划的灵活性。

管理战略评估（Management Strategy Evaluation，MSE）框架

渔业管理者应该对每个重建计划进行正式的风险分析，从而确定每个计划的风险来源与类型。管理战略评估框架可用于重建策略的构建与实施，该策略既能应对多种不确定性，又能平衡经济、社会和生物多个目标（文本框 5.3）。本章节接下来的内容是基于 Holland（2010）的观点进行的探讨。

文本框 5.3　管理战略评估框架

从广义上而言，管理战略评估包含评估一系列管理策略或举措的结果，并通过权衡一系列管理目标来呈现结果。管理战略评估与以往的渔业评估措施不同，该评估不追求最佳策略或决策。根据目标、偏好以及对待风险的态度，该评估为决策者提供做出理性决策所需要的信息。

管理战略评估框架包含许多模型中相互关联的部分，例如种群数量动态、数据收集、数据分析和种群评估、确定管理行动的捕捞控制规则、捕捞决策过程、管理行动的实施计划。运营模型可生成生态系统的动态情景，其中包含自然系统变化。同时，运营模型能收集数据以模拟渔业数据和变化，并将数据输入评估模型。评估模型显示的结果和捕捞控制规则将决定管理措施的制定。然后，在考虑潜在的错误实施措施的前提下，对渔船努力量和捕捞量进行建模，并将最终的捕捞量提供给运营模型。重复上述过程循环，从而模拟整个管理周期。

模拟系统动力学

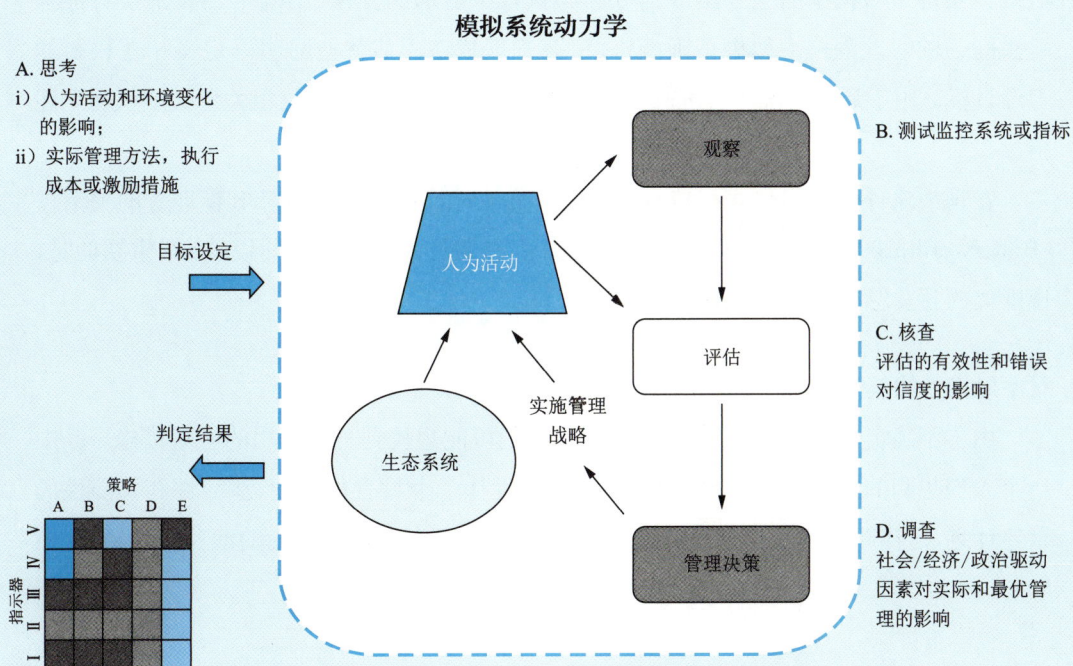

A. 思考
i）人为活动和环境变化的影响；
ii）实际管理方法，执行成本或激励措施

目标设定

判定结果

B. 测试监控系统或指标

C. 核查
评估的有效性和错误对信度的影响

D. 调查
社会/经济/政治驱动因素对实际和最优管理的影响

观察

人为活动

评估

生态系统

实施管理战略

管理决策

策略

指示器

参考文献

CSIRO，www.cmar.csiro.au/research/mse/.

　　管理战略评估为制定和检验管理程序提供总框架,该框架则为确定和调整总允许捕捞量或努力量水平提供明确的决策规则,从而实现一系列渔业管理目标。通常情况下,管理者选择管理程序,并假设该程序有助于达到预先设定和量化的管理目标。管理战略评估框架利用模拟测试来确定各种不同的管理程序在不确定性方面的稳健性。该框架与简单的捕获控制制度不同,因为该框架下的执行程序必须明确详述数据和评估方法,依据这些数据和评估方法将做出政策决策,例如,如何计算实现目标捕捞死亡率的总允许捕捞量。管理战略评估中很少有案例明确把经济学或经济目标纳入在内,但是如果将生物经济模型纳入管理战略评估框架,就可以为渔业管理者和利益相关者提供管理建议。

　　模型中相互关联的组成部分使渔业管理者能够测试模型不同部分的作用(例如通过改变经营模式),或者测试假设下的结果。同时,通过持续多年运行大量的随机模型,还可以观察不同管理程序在不同约束条件下的执行情况,从而找到替代管理方案。这样,管理者可以对多种管理程序在达到预定目标过程中的表现进行比较。例如,管理者有可能寻求降低种群衰竭率(例如,由模拟模型运行的特定百分比)的管理规则,使总允许捕捞量的平均变化幅度较小,或使捕获物的平均尺寸较大。由于管理目标经常不一致,所以通常在选择管理程序时需要在各个目标间进行妥协。

　　与常见的就总允许捕捞量得出结论进行种群定期或阶段性评估的措施不同,运用管理战略评估和预先制定管理程序来确定管理行动有几个潜在的优势。管理战略评估措施明确了对模型的生物组成部分和其执行中遭遇的变化、不确定性和错误有很强解决能力的管理程序。如果正确操作,那么管理战略评估就能够明确定义相互权衡的管理目标。由于通常情况下管理战略评估涉及多个指标,所以利益相关者必须权衡上述指标。

　　管理战略评估框架也存在缺点:1)该框架耗时长且实施后会降低管理者的灵活性(Butterworth,2007);2)该框架的优劣取决于其依赖的基础模型和假设;3)最重要的是,该框架的开发忽视了社会经济因素。

对不确定性的其他考虑

　　由于不确定性有许多来源和类型,所以人们可能想找到一些通用的应对措施。其中一个人们想到的措施(Charles,1998)是管理者设计一个具有稳健性、适应性和预防性的重建计划,这样即使其未完全了解渔业系统本身,也可以获得可接受的渔业管理结果(图5.4)。

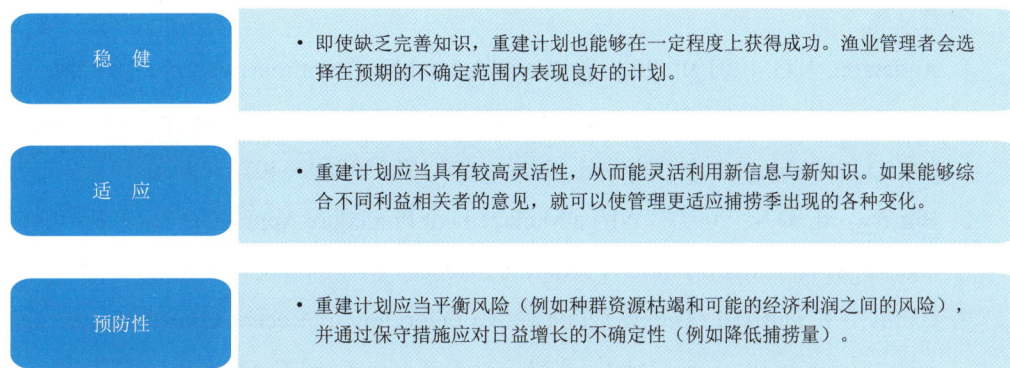

稳　健	• 即使缺乏完善知识，重建计划也能够在一定程度上获得成功。渔业管理者会选择在预期的不确定范围内表现良好的计划。
适　应	• 重建计划应当具有较高灵活性，从而能灵活利用新信息与新知识。如果能够综合不同利益相关者的意见，就可以使管理更适应捕捞季出现的各种变化。
预防性	• 重建计划应当平衡风险（例如种群资源枯竭和可能的经济利润之间的风险），并通过保守措施应对日益增长的不确定性（例如降低捕捞量）。

参考文献

Charles, A. (1998), "Living with uncertainty in fisheries: analytical methods, management priorities and the Canadian ground fishery experience", Fisheries Research, Vol. 37, pp. 37-50, http://dx.doi.org/10.1016/S0165-7836 (98) 00125-8.

图 5.4　良好重建计划的特点

重建制度

由于重建计划必须解决引发过度捕捞的潜在问题，所以该计划不仅意味着设置总允许捕捞量。确定重建计划的目标和轨迹后，还必须确定管理工具和政策，从而为渔民实现目标创造合适的条件与激励措施。单一解决方案不能处理所有情况下的问题，需要根据管理目标、监管与执法能力、可用信息质量、不同利益相关者及其参与度来选择方案。当现行制度的局限性尤为明显时，重建计划可以为渔业中引入管理改革提供好时机。

Sutinen（1999）对经济合作与发展组织成员国所采取的不同管理工具的有效性进行了研究。研究表明，虽然保护鱼类种群或种群栖息地（例如产卵鱼和/或产卵地）的物种重建计划中需要执行禁渔制度，但是该制度无法实现资源的有效保护。事实证明，技术输入控制在限制捕捞死亡率方面没有效果，且不是渔业重建的可行方法。

同时，基于权力与输出控制（配额）的渔业管理在资源开发控制和种群养护上被证明有效，同时可以产生利润并减少渔业参与者的数量（Sutinen，1999；Grafton et al.，2006；Larkin et al.，2007）。

相关术语

捕捞控制制度（Harvest Control Rule）：捕捞控制制度将每个渔季的鱼类种群状况与其他捕捞相关的因素联系起来。在该管理制度下，根据预先确定的捕捞条件和规则，制定管理目标下的捕捞水平。

捕捞轨迹（Harvest Trajectory）：指的是对一段时间内的捕捞水平的评估。在确定调整期后选择相应的捕捞轨迹以实现渔业重建。

参考文献

1. Anderson, L.G. (2010), "Settingallowablecatchlevelswithinastockrebuildingplan", in OECD (2010), The Economics of Rebuilding Fisheries: Workshop Proceedings, OECD Publishing, Paris, http://dx.doi.org/10.1787/9789264075429-en.

2. Butterworth, D.S. (2007), "Why a Management Procedure Approach? Some Positives and Negatives", ICES Journal of Marine Sciences, Vol. 64, pp. 613-617.

3. Caddy, J.F. and D.J. Agnew (2004), "An Overview of Recent Global Experience with Recovery Plans for Depleted Marine Resources and Suggested Guidelines for Recovery Planning", Review of Fish and Fisheries, Vol. 14, pp.43-112.

4. Charles, A. (1998), "Living with uncertainty in fisheries: analytical methods, management priorities and the Canadian ground fishery experience", Fisheries Research, Vol. 37, pp. 37-50, http://dx.doi.org/10.1016/S0165-7836(98)00125-8.

5. Costello, C. et al. (2012), "The Economic Value of Rebuilding Fisheries", OECD Food, Agriculture and Fisheries Papers, No. 55, OECD Publishing, Paris, http://dx.doi.org/10.1787/5k9bfqnmptd2-en.

6. FAO (Food and Agriculture Organization of the United Nations) (2005), Review of the State of World Marine Fishery Resources, Food and Agriculture Organization of the United Nations, Rome.

7. FAO (2002), CWP Handbook of Fishery Statistical Standards – Section G: Fishing Areas – General, CWP Data Collection, FAO Fisheries and Aquaculture Department [online], Rome, updated 10 January 2002 (Cited 12 December 2011), www.fao.org/fishery/cwp/handbook/G/en.

8. FAO (1995), Code of Conduct for Responsible Fisheries, FAO, Rome.

9. Grafton, R.Q. et al. (2006), "Incentive-based approaches to sustainable fisheries", Canadian Journal of Fisheries and Aquatic Sciences, Vol. 63, pp. 699-710.

10. Holland, D.S. (2010), "Management Strategy Evaluation and Management Procedures: Tools for Rebuilding and Sustaining Fisheries", OECD Food, Agriculture and Fisheries Papers, No. 25, OECD Publishing, Paris, http://dx.doi.org/10.1787/5kmd77jhvkjf-en.

11. Larkin, S. L. et al. (2007), "Optimal Rebuilding of Fish Stocks in Different Nations: Bioeconomic Lessons for Regulators", Marine Resource Economics, Vol. 21, pp.395-413.

12. OECD (2012), Rebuilding Fisheries: The Way Forward, OECD Publishing, Paris, http://dx.doi.org/10.1787/9789264176935-en.

13. OECD (2011), Fisheries Policy Reform: National Experiences, OECD Publishing, Paris, http://dx.doi.org/10.1787/9789264096813-en.

14. OECD (2010), The Economics of Rebuilding Fisheries: Workshop Proceedings, OECD Publishing, Paris, http://dx.doi.org/10.1787/9789264075429-en.

15. OECD (2006), Using Market Mechanisms to Manage Fisheries: Smoothing the Path, OECD Publishing, Paris, http://dx.doi.org/10.1787/9789264036581-en.

16. Rosenberg, A. A. and C. B. Mogensen (2007), A Template for the Development of Plans to Recover Overfished Stocks, WWF, www.panda.org/marine.

17. Sutinen (1999), "What works well and why: evidence from fishery-management experiences in OECD countries", ICES Journal of Marine Science, Vol. 56, pp. 1051-1058.

18. UN (United Nations) (1995), Agreement for the Implementation of the Provisions of the United Nations Convention on the Law of the Sea of 10 December 1982 Relating to the Conservation and Management of Straddling Fish Stocks and Highly Migratory Fish Stocks, A/CONF.164/37.

19. UN (2002), Report of the World Summit on Sustainable Development, Johannesburg, South Africa, 26 August-4 September 2002, Chapter 1.2, Plan of implementation of the World Summit of Sustainable Development website (WSSD), www.Johannesburgsummit.org.

20. Wakeford, R.C., D.J. Agnew and C.C. Mees (2007), Review of Institutional Arrangements and Evaluation of Factors Associated with Successful stock Recovery Programs, CEC 6th Framework Programme No. 022717 UNCOVER, MRAG Report, March 2007.

21. World Bank (2009), The Sunken Billions: The Economic Justification for Fisheries Reform, World Bank, Washington, DC.

22. Worm, B. et al. (2009), "Rebuilding Global Fisheries", Science, Vol. 325, pp. 578-585.

23. Zhuang, J.Z. et al. (2007), "Theory and Practice in the Choice of Social Discount Rate for Cost-benefit Analysis. A Survey", ERD Working Paper, No. 94, Asian Development Bank, May 2007.

第六章

渔业改革中人的因素

本章主要讨论渔业管理所涉及的部分社会因素。可持续改革的必要组成部分是就改革达成共识并应对改革的后果。渔业管理者使用一些管理工具进行政策调整并补偿受改革影响的人。对渔业改革中人的因素采取实际措施会获得最佳管理效果。

政策分析

● 由于渔业的农业特性以及渔民可获得的机会有限,所以,在通常情况下,渔业的政策目标一般都会包括维持就业与维持收入。但是政策目标可能会阻止或拖延必要的改革。如果调整政策能够被有效执行,那么政策就可以促进改革。

● 只有得到利益相关者的认可与参与,改革才能取得成功,但是政策制定者也必须在获得社会整体目标的前提下平衡各方的满意度。虽然有时需要通过采取侧翼措施进行调整,但是这些措施涉及的政策可能仅仅是向利益相关者的合作作出回报。

● 尽管产业整合会带来经济和管理效益,但是该效益与振兴农村经济活动和保护传统企业这类的社会目标并不一致。振兴农村经济的一般措施通常比基于产业的措施更有效。

● 劳动力老龄化必然导致渔业产业结构变化,但是仅仅有人口变化并不能引发渔业产业结构调整。

● 部分有助于渔业进行过渡和调整的政策工具如下:积极的劳动力市场计划、现有的社会保障制度、选择性豁免、赔偿制度以及一揽子改革措施。上述政策工具必须定位准确且限制时间,从而避免调整延误或终止的状况。

渔业是沿海社区生活中的重要组成部分。对于工作机会极少的农村地区来说,渔业提供了许多工作机会。对许多人来说,渔业是一种传统且值得被保留的生活方式。但是,渔业已经不能像过去那样在任何领域都发挥重要作用。在多数情况下,渔业资源都不足;在其他情况下,新技术的发展以及对丰厚盈利的追求意味着渔业需要改革。

改革势在必行,但这并不代表着改革很容易进行,也不代表着改革十分有必要。管理者可以采取许多措施来帮助受到改革负面影响的人们,同时确保所有人共同承担代价和享受收益。所有改革都存在输家与赢家,并且不可能满足每个改革参与者的所有诉求。通过帮助继续从事渔业的人适应变化,帮助退出渔业的人择业,调整政策可以为改革提供支持。

作为渔业管理者,政府不可避免承担着因负面结果而被公众指责的危险——利益相关者团体可利用此终止或阻止改革或为自己寻求补偿。渔业管理者需要制定有效策略以应对来自公众与利益相关者的压力,达成改革共识,以公平方式对待受影响的人,实现政府目标。

据联合国粮食及农业组织估计,2008 年,全球有 4 490 万人从事捕捞业与水产养殖业(也即第一产业),其中 85.5% 在亚洲从事捕捞和水产养殖生产(仅中国从事捕捞和水产养殖生产的人数就达 1 330 万)。但是全球生产率(以每个雇佣渔民捕获渔获物的吨数计算)差异极大。在亚洲,每个雇佣渔民每年捕获 2.4 吨鱼,而在欧洲则为 24 吨,北美则为 18 吨。

生产力的变化表明渔业在社会中扮演许多不同的角色。在欧洲和北美,渔船体积往往比较大,机械化水平高且设备种类丰富,所以欧洲与北美渔业更为工业化和商业化。对于生产力高的国家,政策在产业塑造和平衡收入、就业与其他目标方面发挥的作用更大。

另外,亚洲渔业规模较小,小型渔业生产者(生计渔业生产者)比例较高。因此,渔业在社会经济中的作用以及政策制定者的渔业期望都存在很大差异。低生产力表明渔业仅仅是劳动力没有办法找到其他工作而不得已的选择,渔业只能吸引剩余劳动力,且仅仅为劳动力提供低收入。在此情况下,依靠渔业创造就业机会并带动经济增长的政策目标便是错误的。

渔业在社会经济和当地渔业社区的重要性和影响在政策发展与目标设定中发挥着重要作用(文本框 6.1)。很明显,在某些情况下,政策制定者非常了解效率与传统产业活动间的权衡。然而由于技术和市场进步,传统捕捞方式的压力不断增大,所以无法保证传统捕捞作业能够长久保留。因此,较明智的方法是确定具有特殊优先权或品质卓越的渔区,并将针对性政策应用于该渔区的保护,同时确保产业的资源整合和效率提升所带来的裨益。

文本框 6.1　保护英国小型渔业社区

英国渔业政策制定者希望维持小型渔业社区的活力。事实上,政策制定者的目标在于,确保小型渔业社区不仅仅为了实现渔业社区本身的利益而生存下来,也同时作为广泛的渔业目标中的一部分而生存下来(比如为了确保旅游渔业的发展或为了确保当地水产品蛋白质的供应)。这也为小型手工渔业构筑一道起保护作用的"栅栏",使之在渔业管理系统中享有比较特殊的地位和管理制度。以下是英国议会委员会讨论可转让渔业权力体系提案的摘录:

"欧盟共同渔业政策应在保护鱼类种群的同时保护渔业社区。作为降低渔船产量的一种机制,**可转让捕捞权**(**Transferable Fishing Concessions,TFCs**)凸显了围绕过度捕捞、船队规模以及沿海地区就业之间相互作用的争论。我们认识到,引入可转让捕捞权可以降低渔船产能并改善海洋环境。然而,我们非常担心可转让捕捞权将危及沿海社区的生存能力。环境、食品和农村事务部(Department for Environment,Food and Rural Affairs,DEFRA)必须确定捕捞产业未来的发展方向。因此,如果环境、食品和农村事务部认为降低渔船产能是必要的,那么政府必须采取保障措施以保护沿海社区,防止促进渔业大规模运营的过度的渔船队整合行为。

"……为了防止沿海社区受到渔船队整合的潜在负面影响,环境、食品和农村事务部应禁止可转让特许捕捞权适用于 10 m 以下渔船的小规模渔业。环境、食品和农村事务部还应该实施其他保障措施,包括对单一船只持有的国家捕捞权设置一个限定的百分比,防止捕捞权从小规模渔业单向转移到大规模渔业,为作出额外社会或环境贡献的渔船分配额外的捕捞权。

"……如果要引入可转让捕捞权制度,环境、食品和农村事务部应该制定并执行可以阻止配额租赁的管理机制,并将未使用的配额分配给更环保和更具社会可持续性发展的渔业经营者。我们提出建立虹吸机制,在该机制下,如果渔业经营者选择租赁捕捞权而非自用捕捞权,那么一部分捕捞权将上缴国家。上缴的捕捞权将重新分配给其他积极的渔民,这样有助于恢复沿海社区的传统渔业活动,并确保渔业活动可以持续提供社会经济效益。"

参考文献

House of Commons Environment, Food and Rural Affairs Committee (2012), EUproposals for reform of the Common Fisheries Policy: Twelfth Report of Session 2010-12, No.HC1563-I, The Stationery Office Limited, UK.

人口统计、产业结构变化与改革

经济合作与发展组织成员国的渔民年龄比该国平均年龄高。渔业的诸多不利因素,比如准入壁垒、发展前景有限、作业时间长、工作环境肮脏、难度大、风险高等,导致渔业失去对潜在准入者的吸引力。目前渔业人口结构预示着渔民数量及其构成将不断发生变化。

渔业参与者的人口统计有助于渔船产能问题的解决以及渔民平均报酬的提升。尽管劳动力的自然损耗减少了渔业的整体参与度,降低了渔业资源与渔民收入所面临的压力,但是该过程非常缓慢,无法在想要达到的时间框架内发挥作用。此外,由于新渔业准入者的生产力较高,所以每一位新准入者都不对称地取代了因为渔民退休而损失的产能。新准入者加入渔业的速度取决于与收入和投资回报相关的其他备选产业。多样性的农业经济与良好的基础设施可以减少渔业作为当地就业驱动力而遭受的压力,并有助于把渔业资本和劳动力维持在合理水平。

经济合作与发展组织成员国的渔业存在一个共同现象:即使市场中有大量渔业参与者,通常是少数大型渔业参与者主导了市场份额。大型渔船队与小型渔船队的工作条件、渔具、工作方法和社会作用／功能完全不同(文本框 6.2),它们所对应的政策目标和管理工具也不同。

文本框 6.2　捕捞产业中重要的劳工问题

● 捕捞是一项危险的职业(详见本手册中的其他章节)。

● 与从事大型渔业的渔民以及其他一般劳动力相比,从事小型和手工渔业的渔民特征更加鲜明。

● 渔民身处的工作环境使其和其他渔民在工作关系上总是息息相关(渔民根据捕捞量获得报酬,意味着渔船上渔民的报酬总是被捆绑在一起),因此渔民常常不受劳工保护法的保护。

● 许多渔民只是从事季节性、间歇性的渔业工作。

● 对许多渔民而言,捕捞努力量的减少可能导致渔民收入降低或失业。

● 渔民组织匮乏或组织入会率低会破坏社会保护力度并损害社会对话机制。

参考文献

ILO (2004), Conditions of Work in the Fishing Sector, International Labour Organization, Geneva.

工业渔船对鱼类种群有很大的潜在影响,且它们几乎不会受到低收入问题的困扰。隶属于公司经营性质渔业社团的渔民更有可能对基于市场的经济管理工具做出良好反应,比如个别渔船配额或许可证等经济管理工具。手工渔船更有可能面临低收入问题,而且会面临由于**黏性投资**(**Sticky Investment**)而引发的产能问题;手工渔船无法有效地将资金转入或转出渔业。手工渔船更接受团队配额、共同管理或基于社区的配额,就手工渔船的渔业规模而言,这样的配额制度更有效、更实用。

与其他经济产业一样,渔业产业结构变化通常与收入和财富的错位、压力与再分配同时出现。通常情况下,渔业改革意味着部分劳动力需要寻求其他收入来源。实施渔业改革的难易程度取决于劳动力的流动性和再就业的机会。渔民通常居住在几乎不提供其他就业机会的农业地区(文本框 6.3)。同时,渔民仅具备渔业相关的特定技能,无法顺利实现转业,转业到提供同等收入的其他产业来说尤其困难。

> **文本框 6.3 渔业产业结构变化：应对人的因素**
>
> 在劳动力市场完善的情况下，减少渔业就业的产业调整将导致渔民转向收入大致相同的其他职业或其他工作地点。然而，由于渔民非常重视其居住社区，所以许多渔业的劳动力选择留在原地，不大愿意因为工作而转移居所。由于渔业社区经济缺乏多样性，所以大量职业能够保持稳定性。渔民所需的专业技能和平均年龄的增长使渔民的职业更固定，其中年龄的增长可能影响到再培训计划的预期效益。渔业调整面临的主要挑战包括互相冲突或模糊不清的目标、劳动力流动性的缺失以及对短期和长期应对政策的表现的关注。确立清晰目标、通过再培训确保经济多样化、与其他已有政策保持一致以及维持短期与长期应对政策都对可持续渔业的成功至关重要。
>
> **参考文献**
>
> OECD (2007b), Structural Change in Fisheries: Dealing with the Human Dimension, OECD Publishing, Paris, http://dx.doi.org/10.1787/9789264037960-en.

当渔业政策改革带来了产业结构变化，此时旨在加快调整、提供补偿或应对政策改革次要影响的**侧翼措施**（Flanking Measures）也将随之出台。这些侧翼措施包括提供教育与再培训津贴、延长失业保险金、提前退休以及渔船或捕捞许可证回购计划。

侧翼措施——特别是提供经济补偿的措施——应当是暂时的，渔业应该尽量减少对其依赖性，也尽量减少其妨碍产业调整的可能性。有效调整和补偿计划有助于缓解过渡过程中出现的问题，因为这些计划提升了改革在渔民中的接受程度。尽管调整措施有助于达成改革共识，但是调整措施的预算成本必须与改革预期收益达成平衡。

在可交易配额体系下，参与者退出渔业时会带走其出售配额获得的收益，所以可交易配额体系有助于简化改革。这笔收益可作为参与者转业后的退休储蓄或经济缓冲，提供大量经济补偿带来的收益。但是，这笔收益由渔业提供而非纳税人提供。

人的因素与改革的政治经济元素

只要政策对利益产生影响，那么利益相关者就会通过**游说**（Lobbying）影响收益的数量和分配。由于管理或预算政策会对收入、投资回报率和其他结果产生重要影响，所以利益相关者自然会想办法影响它们。通常情况下，游说行动的目的是实现游说团体利益的最大化，这一行为可能不一定符合社会整体利益（文本框 6.4）。为了在不牺牲广泛社会目标和利益的前提下维持利益相关者的支持，政策发展与改革进程需在一定程度上致力于积极推进游说行动。

经济环境通过限制政治上可行的备选举措来影响决策。当许多渔民收入低、就业机会少时，将捕捞水平保持在最大可持续产量将使改革难以推进。加拿大东部大西洋鳕鱼种群崩溃的原因之一就是监管机构担心捕捞量减少将导致渔民破产与失业。此外,当渔业经济状况良好时,负面冲击带来的经济影响不会很严重,渔业管理层的应对也更有效(Grafton,2006)。

文本框6.4　游说与策略性行为

　　游说旨在促进个体或产业利益相关者构成的特定团体的经济利益。成功的游说会为利益团体带来很多利益,而且仅花费未直接参与游说行动的纳税人很少的费用。此外,游说带来的好处是很集中的,并且可衡量,但是游说的成本被广泛平摊且几乎感觉不到。因此,如果把游说涉及的所有成本计算在内,即使游说未带来实实在在的利益,游说也可以被看成是成功的。游说成功的关键取决于和政策制定者之间的有效沟通以及与媒体及公众之间的良好关系。游说团体具有如下特点:

● 每年都是艰辛年。因为游说是为了获得特殊待遇,因此渔民总是认为他们现在不获利或者他们的回报还不足。

● 人人是工匠。一旦提及渔业,公众马上想到的就是小型手工渔民。相比而言,公众对大型工业渔业运营者总是不大认同。因此,游说团体总是将手工渔业作为其沟通策略的门面,虽然他们最终通过游说获得的收益几乎都流向大型渔业运营者。

● 经济溢出效应巨大。为获得公众支持,游说者声称有利于游说者的政策也能使整个社会经济获利,并用夸大数倍的效应和夸大的渔业定义来支撑其主张。

● 牵一发而动全身。游说者总是说改革带给产业的影响非常大(即使很小)——从2008年抗议渔船燃料成本增加就可见一斑。

产业游说总是寻求最有效的听众,而这些听众可能并不属于渔业管理者之列。以下是一个针对澳大利亚国内渔业的报告,该报告突出体现了制定和使用明确流程和选择合适的部门进行磋商的重要性:

　　"调查结果:产业游说者不恰当地游说部长办公室,打乱了渔业问题的官方解决程序,并且使部长和顾问参与了一些不恰当的事务。因为产业游说者的行为破坏了渔业管理的完整性并降低了公众对渔业管理的信心,所以必须予以矫正。[报告建议]如果要和商业渔业部门就渔业管理策略和政策进行协商,应通过部级渔业咨询委员会进行,……[以及应通过]渔业部门的执行理事就渔业主要运营问题进行协商"(Stevens et al.,2012)。

　　如之前所述,渔业管理者和政策制定者需要与利益相关者合作,以获得有效的改革成果。如果要给利益相关者提供参与改革的激励,必须把改革收益分配给所有人。为了平衡上述行为的关系并抵消游说行动的影响,渔业政策制定者和其他政府公职人员需要进行广泛协商(以与渔民组织的协商为主,与广泛的民间社会团体的协商为辅)并加强联系。在政府多个部门间进行协调已经成为保持政策一致性的重要特征之一。负责相关领域（比如环境、自然资源、产业或就业）的政府部门或机构应该有正式的授权及明确的角色分工。

改革中人的因素

渔业管理包括一系列政策和目标，也包括鱼类种群管理。但是如果经济目标与长期资源保护目标不相容，那么为了实现经济目标而利用鱼类种群管理参数（例如捕获水平）并不可取且不可持续。政府可能会使用众多不同的政策工具，以支持渔民并实现政策目标。如果上述政策引发了影响渔民实际收入的变革，那么政策改革会带来负面影响，且需要执行相应的过渡政策。

根据实施时间的长短以及补偿措施的不同，改革策略可以有所差异（图6.1）。

● 随着时间流逝，不执行补偿政策的**渐进改革**（Gradual Reform）遭遇的干预会不断减少，效益也会逐渐产生，但是该改革方式必须放缓以避免遭到抵触（比如渔民退出渔业）。如果渐进改革提供补偿，那么可能令以往政策不得不终止，并用一系列现金补偿方式（比如赎回）取而代之。如果现金补偿方式无限期地被实施，那么这一过程被称为**重整支持政策**（Re-instrumentation）。

● 无论有（买断）或没有（裁员）补偿，**快速改革**（Rapid Reform）可以在没有任何缓冲下完全终止一项政策。

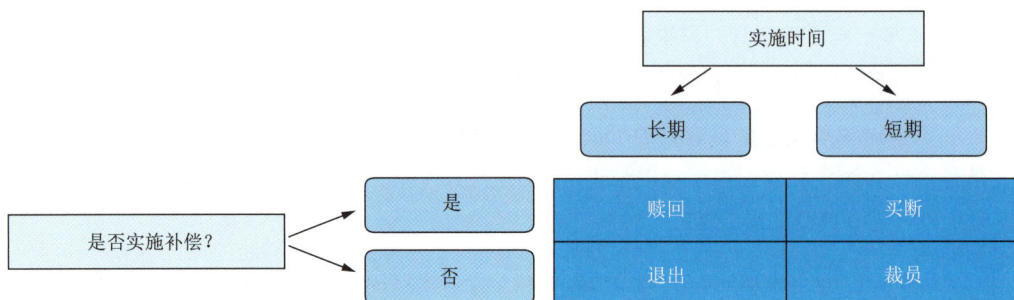

参考文献

OECD (2007b), Structural Change in Fisheries: Dealing with the Human Dimension, OECD Publishing, Paris, http://dx.doi.org/10.1787/9789264037960-en.

图6.1 不同的改革支持策略

在支持改革的前提下，管理者有几种处理过渡问题的措施。以下是五种常见措施：

● **依赖现有的社会援助**（Reliance on Existing Social Assistance）：现有社会援助操作简单、成本低、行政流程短，适用于小规模改革，但是对于长期存在经济问题的农村地区，该援助措施不具备政治可能性。社会援助的一个例子：如果在法国和挪威修改或撤销直接渔业资助，渔民可以获得额外的社会保障援助。

- **改革欺诈**（Fiddling with Reform）：具有渐进阶段耗时长的特点，为了提高对改革的认可度，减少改革带来的影响，会出现豁免、例外以及其他特事特例的情况。尽管这种措施的优势是具有针对性，但是其作出的妥协可能成为永久的行为，并破坏整个改革过程。因此，改革欺诈可能使公众怀疑政府做出的改革承诺，并损害政府公信力。

- **经济分化**（Economic Diversification）：旨在使当地经济与劳动力市场更适应改革。积极的劳动力市场举措（例如就业保险、提前退休、咨询与培训、区域性资助以及产业和基础设施投资资助）能被公众理解并具有很高的政治接受度，所以能够取得成功。然而，当替代产业已获得资助的情况下，区域性资助体系将保护低效率产业并扰乱市场。

- **补偿**（Compensation）：补偿有助于改革的顺利实施，但也会带来风险。因为利益相关者积极调整的行动总不被估算在内，所以将补偿水平与利益相关者接受的成本相匹配十分困难。相比较赔偿损失，优化补偿更多与达成改革协定所需的金额有关；且通常情况下，优化补偿的目标不是全额补偿。补偿应当具有针对性和时限性，同时该补偿可允许调整，从而降低成本并缓解市场扭转。

- **"一揽子"改革**（Packaging Reforms）：指将管理变化与支持性政策变化相结合，以降低调整成本，提高效率，并提供经济机会。在20世纪90年代，新西兰取消了补贴政策，同时引入了基于捕捞权的渔业管理制度。新的渔业管理体系为渔业从业者提供从事赚钱行业的机会的同时，还允许他们买下渔业退出者的捕捞权。

相关术语

侧翼措施（Flanking Measures）：该调整和补偿计划有助于缓解产业结构调整带来的压力，教育与再培训津贴、延长失业保险、提前退休以及渔船或捕捞许可证回购计划等都属于侧翼措施。

游说（Lobbying）：游说旨在影响政府公职人员，使他们赞成或反对某个与制定规则或法律相关的公共行为。

重整支持政策（Re-instrumentation）：指用等效替代方案取代某种形式的资助政策，比如，用收入资助政策取代燃油税优惠，这两种资助政策带来的收入变化是相同的。

黏性投资（Sticky Investments）：指在非流动性市场中的投资，其价值与资本的机会成本不同。

参考文献

1. Fitzpatrick, J. (1988), "Fishing Technology", in Oceans Yearbook, Vol. 8, University

of Chicago Press, Chicago.

2. Grafton, R. et al. (2006), "Incentive-Based Approaches to Sustainable Fisheries", Canadian Journal of Fisheries and Aquatic Sciences, Vol. 63, pp. 699-710.

3. House of Commons Environment, Food and Rural Affairs Committee (2012), EU proposals for reform of the Common Fisheries Policy: Twelfth Report of Session 2010-12, No. HC 1563-I, The Stationery Office Limited, UK.

4. ILO (International Labour Office) (2004), Conditions of Work in the Fishing Sector, International Labour Office, Geneva.

5. OECD (2007a), Subsidy Reform and Sustainable Development: Political Economy Aspects, OECD Sustainable Development Studies, OECD Publishing, Paris, http://dx.doi.org/10.1787/9789264019379-en.

6. OECD (2007b), Structural Change in Fisheries: Dealing with the Human Dimension, OECD Publishing, Paris, http://dx.doi.org/10.1787/9789264037960-en.

7. Stevens, R., I. Cartwright and P. Neville (2012), Independent Review of NSW Commercial Fisheries Policy, Management and Administration, www.dpi.nsw.gov.au/data/assets/pdf_file/0015/433041/Independent-Comm-Fish-Review-Report-Mar2012.pdf.

第七章

渔业发展中的政策一致性

多个政府目标至少一定程度上依赖于渔业的表现，因此不同目标和政策的兼容程度将决定全球范围内可持续发展目标〔包括千年发展目标（Millennium Development Goals，MDGs）和经济合作与发展组织发展策略（OECD Development Strategy）〕的实现。经济合作与发展组织成员国面临的挑战是协调发展援助目标与渔业政策的关系。其中，渔业政策包括贸易、准入协议、产能建设条例、渔业资源联合管理（例如跨界或公海鱼类种群以及区域性渔业管理组织）以及针对水产养殖和渔业的发展援助政策。

政策分析

- 政策一致性致力于实现发展目标,横跨几大政策领域,且需要国家政府产业间和国家间的有效沟通与合作。实现政策一致性颇具挑战,且大部分致力于此的努力均以失败告终。此外,实现国内利益可能与发展目标矛盾,甚至阻碍发展进程。

- 政策一致性不仅确保政策目标间不冲突,还应确保政策不妨碍其他无关目标的实现。尽管无法完美实现政策一致性,但是"政府总动员"措施有助于促进国家实现其政策的一致性。

- 尽管最为重要的第一步就是提升对政策冲突的认识,但是政策一致性并不是在现有政策之外独立存在,而是在大型政策改革背景下产生的。国内政策应确保具有针对性和透明度,这才能够有效减少间接政策支持措施(例如关税与壁垒)与准入协议之间产生的冲突。

- 政府为促进政策一致性需要执行多边主义并明确共同利益和共同责任。如果没有国际框架、条约和协定等具体机制,那么就无法取得政策进展。

- 如果措施的目标清晰且具有针对性,就可以减少政策溢出效应,同时减少政策缺乏一致性的可能性,避免政策缺乏一致性带来的影响。良好的渔业管理政策制定有助于达成政策一致性。

大多数经济合作与发展组织成员国的渔业政策有许多目标,这些目标与资源状况、周围环境、渔民数量、分布与特征等有关。本书第一章介绍了渔业政策目标的内容、有效发展和实现政策目标的方式,也指出政府在制定渔业政策时必须把这些政策目标考虑在内,并且特别指出,政策的制定必须符合政策目标。

政策制定者面临艰难的政策抉择,他们必须做出抉择,平衡短期的直接经济收益与渔业资源长期可持续和负责任管理之间的关系。上述政策利益相互矛盾和竞争,加上管理不善、行政力受限以及全球渔业生产与消费模式的变化,使得管理不善、渔场退化和渔业过度开发等问题凸显。这说明不可分割的政策联系使经济合作与发展组织成员国与非经济合作与发展组织成员国紧密联系在一起。鱼类种群属于全球公共资源,而鱼类种群养护只能通过国家间的合作治理、密切伙伴关系、明确责任和互惠义务来实现。就当下而言,合作应涉及全球、区域、国家或地方层面的各级利益相关者——例如发达国家和发展中国家政府、多边机构、私营产业、区域性渔业管理组织和区域银行等(OECD,2012)。

然而合作本身并不能带来政策一致性。不同社会群体的目标迥异,而且这些目标中有许多与其他群体的目标不相容甚至相悖。即使把上述社会群体硬绑在一起,也无法自动解决群体间的差异(FAO,2004)。政策制定者所面临的挑战不是调和所有目标,而是避免相互冲突的政策导致渔业资源浪费或渔业发展受阻。当然,政策制定者有可能实现目标与政策的协调,但是无法做到完美,也无法使整个进程无懈可击。此外,实现政策一致性无法自动解决一切问题。糟糕的政策即使能够顺利执行,也无法带来良好的结果。

许多国家将渔业作为实现农村发展、环境保护、社会公平、贸易和食品安全目标的手段,而这些目标仅仅是所有目标中的一部分。渔业之所以有可能实现这么多目标,是因为渔业在经济中所占份额较大,而且渔民主要以贫困和农村人口为主。渔业与水产养殖政策的执行被视为一种促进经济增长、改善农村贫困状况并拓展可靠营养来源的手段。这么广泛的目标对于政策制定者来说是个难题,当他们必须与不同政府机构、国外发展机构以及非政府机构共享政策发展空间时,问题更棘手(文本框 7.1)。

文本框 7.1　致力于实现发展目标的政策一致性

发展政策一致性包含四个要素:

- 国内:为了实现发展目标,一个国家在目标、手段和资源分配上必须保持一致性。
- 政府总动员:一个国家实现各种政策的一致性、互补性和协调性。
- 协调:各个捐助国之间的政策一致性。
- 结盟:一个或数个捐助国与合作的发展中国家之间的政策和措施一致性。

上述要素是横向政策一致性的重要特点,即一个国家内的目标和政策保持一致;纵向政策一致性是指不同国家、地区或政府的目标和政策保持一致性。

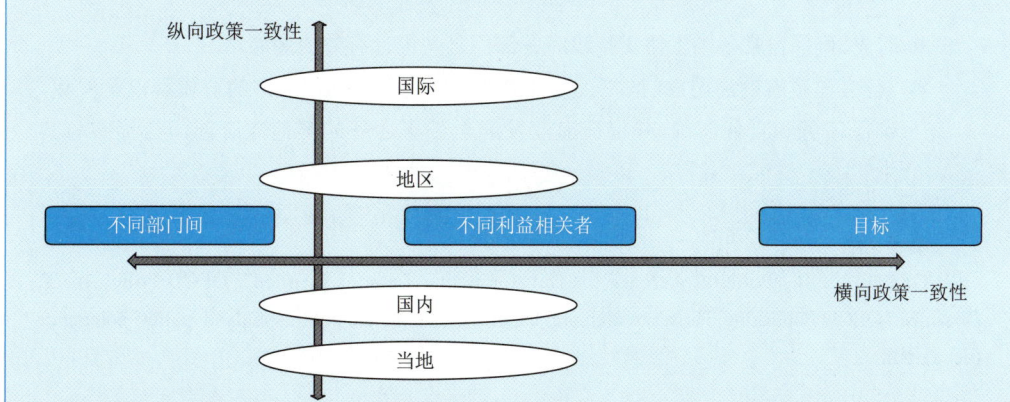

渔业发展中的政策一致性——解读政策溢出效应

实现政策一致性需要明确以下问题：

● 国内渔业政策如何影响发展中国家。

● 如何帮助可能因渔业政策或改革而利益受损的发展中国家。

● 如何通过更符合发展中国家需求的方式实现国内政策目标。

● 如何帮助发展中国家更好地利用渔业政策改革所创造的机会。

渔业发展中的政策一致性不仅仅涉及到渔业和渔业政策问题，还涉及到许多其他问题。就经济合作与发展组织成员国而言，问题的关键是贸易政策和国内资助政策与渔业发展政策之间的关系。政府可以通过多种方式改善内部运作，从而提升政策一致性（文本框7.2）。目前非经济合作与发展组织成员国是全球鱼类市场的主要供应商，同时经济合作与发展组织成员国是这些渔产品的主要市场：经济合作与发展组织成员国进口的渔产品中有60%来自发展中国家。渔业全球化以及渔业生产和贸易的国际关联度不断增长，它们已经成为全球渔业价值链的一大关键特征；受经济合作与发展组织成员国渔业资源数量的限制，这些国家的渔业市场越来越依赖从非经济合作与发展组织成员国进口渔产品（图7.1）。

文本框7.2　从经济合作与发展组织成员国经历中获得的经验

第一阶段： 设立目标并确定目标的优先顺序——该过程需要政府作出政治承诺和政策声明：

● 首先，通过与民间组织、研究机构和伙伴国家合作，在教育公众的同时让他们参与过程，从而长期提升公众意识并支持渔业发展中的政策一致性。

● 其次，政府公开作出渔业发展政策一致性的承诺，从而使政策一致性在政治层面获得高度认可。该举措可加强政策一致性与缓解贫困之间的联系，也可以加强与国际认可的发展目标之间的联系。

● 政府应发布有明确优先顺序且有时限的行动议程，以推动政策一致性的达成。

第二阶段： 统筹协调政策及实施政策——该过程需要政府制定政策统筹协调机制：

● 首先，确保日常各项工作支持政府各部门之间进行有效的沟通。

● 其次，在政府的高层部门建立正式机制，以促进各个部门之间的协调和政策仲裁，确保任务和责任明确，并保证渔业发展与外事之外的其他政府部门也都参与其中。

参考文献

OECD (2008), "Policy Coherence for Development – Lessons Learned", OECD Policy Brief, December, OECD Publishing, Paris, www.un.org/en/ecosoc/newfunct/pdf/hls_finland–policy_coherence (oecd). pdf.

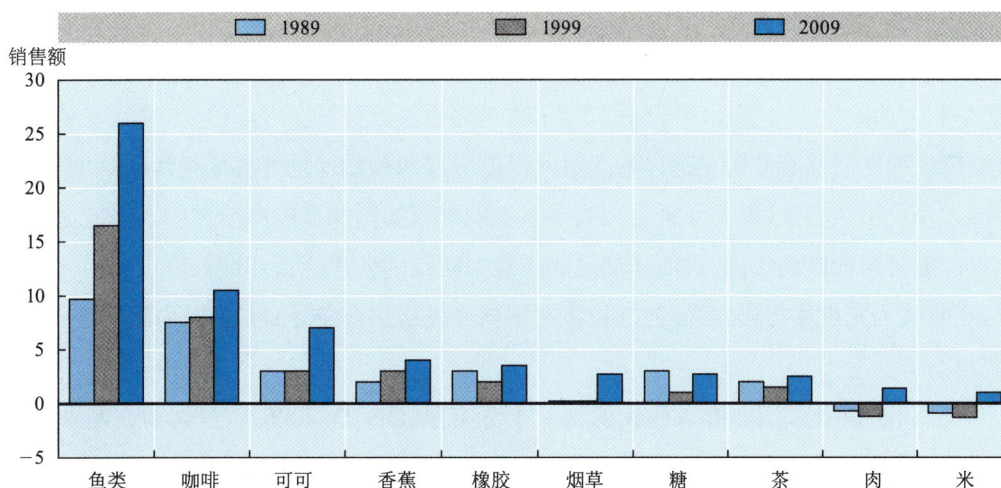

销售额

图例：1989　1999　2009

横轴标签：鱼类　咖啡　可可　香蕉　橡胶　烟草　糖　茶　肉　米

参考文献

FAO (2010), State of the World's Fisheries, FAO Publishing, Rome.

图 7.1　发展中国家部分产品的净出口

贸易政策

　　渔业贸易政策是政策一致性需要重点考虑的因素之一。主要进口市场仍然征收鱼与渔产品关税——该关税虽然低于其他食品关税，但仍然存在。尽管优惠的准入协议可以一定程度上缓解关税问题，但是实施**关税升级**（Tariff Escalation）使新兴经济体无法在出口前为国内产品增值。关税结构与实施关税结构的各国在发展援助方面的目标相冲突，各国不得不牺牲以贸易为驱动的渔业发展，保护国内加工业。

　　一系列**非关税措施**（Non-tariff Measures；**包括标签、包装与检验措施、卫生标准和近年来发展起来的生态标签计划**）使新兴经济体很难从其资源优势中获益。上述措施代价昂贵使得贸易产品不断散装化（例如，将产品分割成肉片与腰肉再出售，而不是以即食餐的形式出售），如此一来，增值产品没有了市场。

　　尽管贸易壁垒的消除过程面临政治困难，但相对简单易行，在确保非关税措施不会过度限制贸易的前提下，该过程可以推动发展中国家的贸易发展。很大程度上，进口国家国民的健康与安全目标的实现取决于卫生和包装要求以及其他技术标准。只要上述标准不存在对进口货物的歧视，那么标准要求就不会发生改变。

　　进口国家的直接投资可以改善发展中国家的基础设施，并为发展中国家的生产商提供专业知识，使发展中国家生产商的出口商品达到国际标准。发展中国家应当鼓励这种直接投资，从而致力于促进现代基础设施的发展，而不是单纯地保护手工渔业。

渔业准入协议

　　渔业准入协议（Fisheries Access Agreement）为**远洋渔船**（**Distant Water Fleets；是指**

在本国海域外开展捕捞作业的渔船）提供机会,同时也为沿海发展中国家提供重要的收入来源。渔业准入协议的签署得益于 200 海里**专属经济区**（Exclusive Economic Zone,**EEZ**）制度的确立。专属经济区制度在 1977 年之后被国际社会广泛接受,并且专属经济区制度的确立能够有效防止远洋渔船进入沿海国家的传统渔场开展捕捞活动。如今,渔业准入协议仍然有效,但是似乎是因为寻求渔业准入的国家渔船产能过剩。降低渔船产能以匹配可用的国内资源,进而降低渔船产能对协议的依赖。渔业准入协议核心问题在于,尽管其为东道国提供收入,但是由于把国内渔民挤出竞争,所以会阻碍国内渔业潜力的发挥。

与其代价相比,渔业准入协议的裨益十分有限（OECD,2006）。虽然新兴渔业国家最终必定要进行经济补偿,但是由于这些国家往往不能很好地执行渔业准入协议,所以最终导致非法、未报告和无管制捕捞的发生。此外,提供渔场的东道国的预算大部分由渔业国家支付,因此,资金转移过程中很容易引发腐败问题。

如果条款制定得当,渔业准入协议可以在特定情况下发挥作用。基于市场的管理工具能够确保市场措施在准入评估中发挥作用——比起在其他情况下可能存在不公平与不透明的谈判,这是很大的一个进步。例如,发展中国家的相关权力部门可以把捕捞许可证或捕捞许可权拍卖给渔船队,从而确保渔业的产业价值,并确保许可证或许可权的拥有者获得可观回报。同时,当政府部门无法从远洋渔民那儿收回渔业准入协议的代价时,拍卖行为可以缓解当地渔民的隐性补贴问题。隐性补贴不仅有可能与发展目标冲突,而且还可能与发展竞争性的、以市场为导向的渔业这一国内目标冲突。

法规政策

渔业的法规政策负责解决与公众合法利益相关的问题,比如食品安全和质量、消费者保护（世界贸易组织规定的卫生和植物检疫标准,包括食品卫生、包装、可追溯性和标签要求）和知识产权保护。除公共关税措施和非关税措施外,发展中国家出口商必须要应对以私人认证要求形式存在的潜在贸易壁垒。越来越多经济合作与发展组织市场的主要买家要求进口产品拥有生态标签和其他类型的认证（比如可持续性、食品质量或合法性认证）。由于生态标签和认证成本高,且难以获得所需的数据,所以发展中国家的生产者在遵守这一法规政策时可能会付出高昂的代价。此外,该法规政策通过限制发展中国家渔产品的进口市场和/或增加生产成本,还会影响贸易,并间接影响发展中国家当地的生产、出口、就业和粮食安全。《世界贸易组织技术性贸易壁垒协议》（WTO Agreement on Technical Barriers to Trade）可确保法规政策（包括法规、标准、测试和认证程序）不产生非必要的贸易障碍。但是,政策一致性举措必须关注和减轻经济合作与发展组织成员国非关税措施对发展中国家的影响,进而提升政策一致性（OECD,2012）。

发展援助

　　发展援助能够帮助发展中国家提高政策制定和执行的能力，从而帮助这些国家形成目标并达成目标。事实上，约翰内斯堡实施计划（Johannesburg Plan of Implementation；2002 年 9 月世界可持续发展大会通过该计划决议）声明：实现渔业可持续发展，必须采取以下行动：……加强国际金融机构、双边机构和其他利益相关者之间的捐助协调和伙伴关系，以促进发展中国家（特别是欠发达国家和发展中岛屿国家以及经济转型国家）发展其国家区域和次区域的基础设施建设和综合管理能力以及渔业可持续利用能力（UN，2002）。

　　发展合作可以提供经济援助，还通过让发达国家和发展中国家共同参与所有政策制定（不仅仅限于经济援助领域），进而促进**政策一致性**（Policy Coherence）。这意味着，援助机构将采用合作的创新模式，并开展**政府总动员措施**（Whole of Government Approach），该措施认可源于援助机构以外（或者完全在政府部门之外，比如私人投资、标签倡议或志愿组织）的政策发展结果。此外，这还意味着，进行发展影响评估时应当考虑政策可持续性和减贫（这两项属于援助领域，但又超出援助范围）相关的政策影响（OECD，2012）。

渔业与社会发展之间的联系

　　良好的治理和法治是许多发展中国家能否取得成功的先决条件。各国为渔业发展奠定先决条件的方式包括减少腐败、提高部门管理能力和创造投资环境。

　　在发展中国家，渔业与社会发展之间的联系非常紧密（图 7.2）。人们倾向于认为，渔业可以解决许多问题，这种想法最终导致政策目标和政策发展不一致。此外，政策制定者面临着双重挑战：渔业改革引发的政治经济问题和不同利益相关者团体施加的压力，最终导致改革失败和渔业管理效果不佳。但是，包括发展中国家在内的其他国家对其渔业都有一系列的政策目标（这些目标可能不一致）。制定渔业政策时，最重要的第一步是改善相关部门的管理能力，从而制定良好的目标和政策。该步骤的实现可借鉴经济合作与发展组织成员国的相关经验（无论是好经验还是经验教训都值得借鉴）。

　　虽然发展中国家可以制定并执行合理政策，但是它们却缺乏监控和执行政策的资源。在许多新兴经济体中，缺乏有效治理资源已成为阻碍发展的一个严重问题。进口国能够通过以下方式帮助它们解决上述问题：保证渔产品合法生产；改善远洋渔船管控。如果伙伴国家互相分担执法责任，那么就可以分享稀缺资源。

　　就基础设施和管理部门能力薄弱的发展中国家而言，发展援助可以帮助这些国家有效适应全球化和迅速变化的渔业。可通过改善港口服务、提升港口设施以及提供检查服务为发展中国家开辟新市场，并提升该国产品的价值。

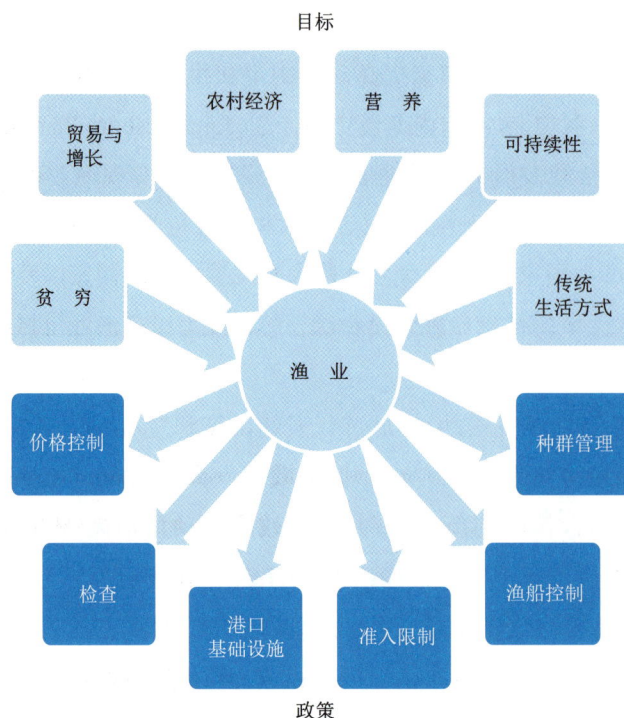

图 7.2　发展中国家面临的政策一致性挑战

相关术语

远洋渔船（Distant Water Fleets）：指在国家管辖海域外开展捕捞作业的渔船。

渔业准入协议（Fisheries Access Agreement）：指两个国家间达成的渔业协议，规定一个国家（通常是发达国家）的远洋渔船可以参与另一个国家（通常是发展中国家）的国内渔业生产。

非关税措施（Non-tariff Measures）：指除限制贸易量关税外的其他政府措施。例如，限制某类产品准入他国国内市场的卫生法规。非关税措施旨在保护国内市场，也可以构成国家监管总框架的一部分。

政策一致性（Policy Coherence）：指不同的政策部门之间进行协作，从而有助于相关各部门制定出更强大的政策工具与政策产品。为了实现政策一致性，必须寻求不同政策部门之间的协同和互补，并积极解决不同政策领域之间的冲突，从而实现共同目标。

关税升级（Tariff Escalation）：指对增值产品征收高额关税。该举措可防止发展中国家出口商向市场推广高额附加值的产品。

政府总动员措施（Whole of Government Approach）：指协调并运用所有政府行动措施；动员多个政府部门共同解决政策问题，而不是将责任留给某一个政府部门。

参考文献

1. FAO (Food and Agriculture Organization of the United Nations)(2010), State of the World's Fisheries, Food and Agriculture Organization of the United Nations, Rome.

2. FAO (2004), Policy Coherence for agriculture and development, Food and Agriculture Organization of the United Nations, Rome.

3. Hersoug, B. (2006), "Policy Coherence in Fisheries and Aquaculture: Possibilities and Constraints", in OECD, Fishing for Coherence: Proceedings of the Workshop on Policy Coherence for Development in Fisheries, OECD Publishing, Paris, http://dx.doi.org/10.1787/9789264025301-5-en.

4. OECD (2012), "Policy Framework for Policy Coherence for Development", Working Paper, No.1, OECD Office of the Secretary-General Unit for Policy Coherence for Development,

5. OECD/Economic Community of West African States (2008), Fishing for Coherence in West Africa: Policy Coherence in the Fisheries Sector in Seven West African Countries, The Development Dimension, OECD Publishing, Paris, http://dx.doi.org/10.1787/9789264040595-en.

6. OECD (2008), "Policy Coherence for Development – Lessons Learned", OECD Policy Brief, December, OECD Publishing, Paris. www.un.org/en/ecosoc/newfunct/pdf/hls_finland-policy_coherence (oecd).pdf.

7. OECD (2006a), Fishing for Coherence: Proceedings of the Workshop on Policy Coherence for Development in Fisheries, The Development Dimension, OECD Publishing, Paris, http://dx.doi.org/10.1787/9789264025301-en.

8. OECD (2006b), Fishing for Coherence: Fisheries and Development Policies, The Development Dimension, OECD Publishing, Paris, http://dx.doi.org/10.1787/9789264023956-en.

9. OECD (2002a), "Development Co-operation Report 2001", The DAC Journal, Vol.3, No.1, OECD Publishing, Paris.

10. OECD (2002b), "Improving Policy Coherence and Integration for Sustainable Development: A Checklist", OECD Policy Brief, OECD Publishing, Paris, www.oecd.org/greengrowth/tools-evaluation/2763153.pdf.

第八章

渔业管理者对私人认证的回应

本章重点介绍渔业管理者和其他政府部门在处理私人生态标签中的角色，同时还介绍了他们对私人生态标签的回应。非政府组织认为食品标签可以推动他们的行动议程，同时他们利用食品标签确定他们的行动议程内容。随着认证和生态标签在市场上发挥日益重要的作用，如何确立渔业管理者和公共监管机构在推行认证和生态标签中的角色变得更具挑战性和战略性。

> ## 政策分析
>
> ● 私人标签和认证系统,特别是生态标签,在市场上发挥日益重要的作用——而且这不是一种暂时现象,而是一种将长期存在的现象。
>
> ● 认证计划可以使渔民和公众保持一致的动力,并通过在食品价值链中传递信息使信息透明化。在理想情况下,该计划可帮助渔业管理者实现管理目标。
>
> ● 渔业管理者根据具体目标开发和支持认证系统。管理者也可以通过多种方式开发和支持认证系统,包括从积极资助渔业认证到通过一系列协调或支持行动推动认证计划。
>
> ● 目前的渔产品贸易模式深化了认证计划的重要性。渔业管理者必须确保其与渔业发展目标的一致性。

　　出于对可持续性以及渔业和水产养殖管理有效性的担忧,公众(包括消费者、零售商和非政府组织)需要确保其所购买的渔产品是通过可持续性渔业生产获得的。许多私营实体已经采用了生态标签和认证计划,该标签和认证计划为消费者提供可靠的产品信息,同时也为需要传达积极的产品信息以维护其市场的渔民和加工者提供了传达信息的途径。部分消费者关注产品特性,通过让他们了解整个产品生产过程,可以解答他们对产品的疑问——标签可以解决该问题。

私人认证的方法和目标

　　认证(**Certification**)是认证机构向大众提供食品或食品控制系统符合**标准**(**Standards**)的保证的程序。该认证可分为三类:强制性(即为现行法律的一部分)、自愿性以及强制性与自愿性兼备。此外,认证要求有三种形式:符合规则、符合指导原则以及符合产品特征(图8.1)。认证实际上是一种质量鉴定的形式,向价值链上的用户或消费者传达产品特性的信息。[1]

---

① 广义上的质量包含产品及产品生产过程的特点。

渔业管理者可以在确定认证中的强制性元素时发挥作用,这些元素和遵守现行法律法规有关。但是,就如下一节要讨论的一样:渔业决策者还有许多其他的利益需要关注,因此决策者希望影响认证过程——特别是因为他们所制定的渔业政策的结果将影响认证。

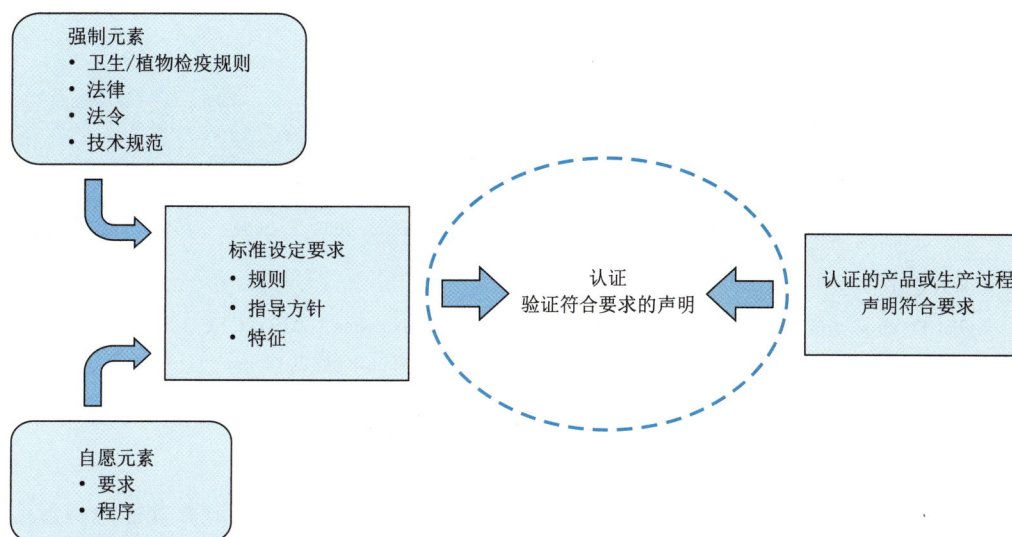

参考文献

OECD (2011), Fisheries and Aquaculture Certification, OECD Publishing, Paris, http://dx.doi.org/10.1787/9789264119680-en.

图 8.1 认证元素间的关系

越来越多的新一代渔产品在推向市场时需要考虑其与环境诉求之间的关系。就某些特定渔产品的市场而言,认证已成为事实要求。现在,海洋管理委员会(Marine Stewardship Council, MSC)和海洋之友(Friends of the Sea, FoS)这两个机构的渔产品认证是世界上最主要的两种私人渔业生态标签。获得和长期维持海洋管理委员会认证比海洋之友认证更昂贵且通常更严格。这两种认证都见证了认证渔业数量的强劲增长(图8.2)。

渔业产品的标签和认证需求主要来自零售产业。就零售商而言,获得可持续认证的渔产品有助于构建市场营销计划和**企业社会责任**(Corporate Social Responsibility, CSR)框架。标签和认证系统必须切实可行,并为包括零售在内的渔产品市场链带来价值才能取得成功。它们提高了消费者对可持续产品的认知和消费,巩固了品牌价值,并且可引发公众对有争议问题的关注。

量（单位：千吨）

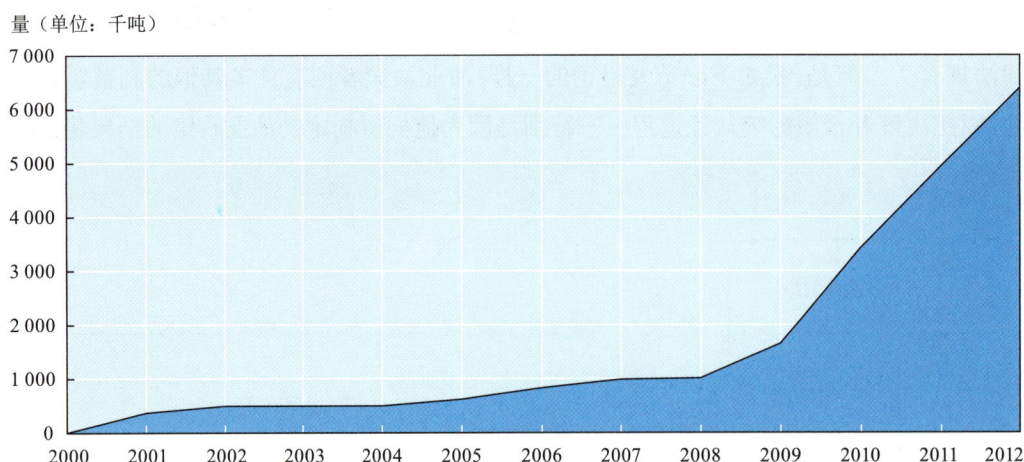

参考文献

OECD/Food and Agriculture Organization of the United Nations (2012), OECD-FAO Agricultural Outlook 2012, OECD Publishing, Paris, http://dx.doi.org/10.1787/agr_outlook-2012-en.

图8.2　海洋管理委员会认证渔业的数量

私人渔业生态标签不仅帮助消费者了解产品特性，还可以改变消费者行为和营造公众舆论——当然，除了上述两个目标，私人渔业生态标签的最重要目标是影响渔业管理政策和改善渔业的可持续性。

标准和标签在以下情况下最有效：1）为消费者提供了明智的购买抉择；2）认证发起者认为认证基于最佳渔业生产实践，并提供准确、完整和值得信赖的信息。比起公共标签，消费者更倾向于选择私人标签的产品。公共标签本质上是管理系统认证自己的产品。因此，从本质上而言，公共标签的可靠性不如私人标签，因为私人标签完全独立于政府管理系统之外。相比而言，私人渔业标签的第三方性质使它们不那么容易受到利益冲突的影响，所以更有可能取得成功。但是，尽管私人标签拥有公共标签不拥有的可信度，但适当的公共参与可以通过提高所认知的标准质量来进一步提高私人标签的可信度。

获得诸如海洋管理委员会等机构的认证需要提供超出当前渔业可提供的数据。渔业管理者必须对数据收集进行成本效益分析，权衡成本和实用性与数据对渔业管理的价值和效用之间的关系。可能某些渔业无法提供通过标准认证所必要的数据，但收集额外的数据会使认证成本不断增加，甚至成本如此之高以至于数据收集根本不可行。管理者应在准备着手认证时就确定收集额外数据是否可行，以及数据收集成本是否应由利益相关者或公共机构承担。

渔业管理者的回应

私人标签和认证发展强劲，而且市场对标签和认证的需求也不断增长，所以标签和认证成为不可忽视的发展势头。很显然,渔业管理属于公共政策问题的范畴。问题的关键是,私人认证系统是否有助于推进和支持渔业管理者制定的管理目标,或者该私人认证系统是否使渔业管理变得更复杂而不是给渔业管理带来益处。尽管要回答上述问题需要考虑很多的因素,但总体而言,私人认证给渔业带来的影响有积极的一面(利),也有消极的一面(弊)(表8.1)。

表 8.1 认证计划的利与弊

利	弊
认证渔业可以有效地为消费者提供可持续信息。	即使在可持续性方面与认证渔产品相当,非认证渔业也可能在市场中处于不利地位。
识别并解决营销链中的可追溯性问题。	把认证产品与非认证产品进行隔离,整个食品链(监管检查链)的运营成本会上升。
促进渔业生产发生积极变化。	获得和维持认证的代价高昂。
帮助渔民打开市场或保持市场份额。	可能导致产生的贸易影响与发展目标相冲突。需要进行昂贵或不切实际的额外数据收集。

一些学者认为,私人生态标签与政策无关,它应该是市场中消费者的选择问题。而其他学者认为,私人生态标签可以补救部分国内渔业面临的营销问题,因此政府应该支持私人生态标签的推行,比如通过承担认证费用来支持私人生态标签的推行。在理想状况下,政府可利用任何与私人机构的积极互动来推进渔业可持续发展议程。此外,政府必须确定私人标签和认证从根本上而言是积极的还是消极的,以及对私人标签和认证采取的态度是积极的还是消极的(图8.3)。

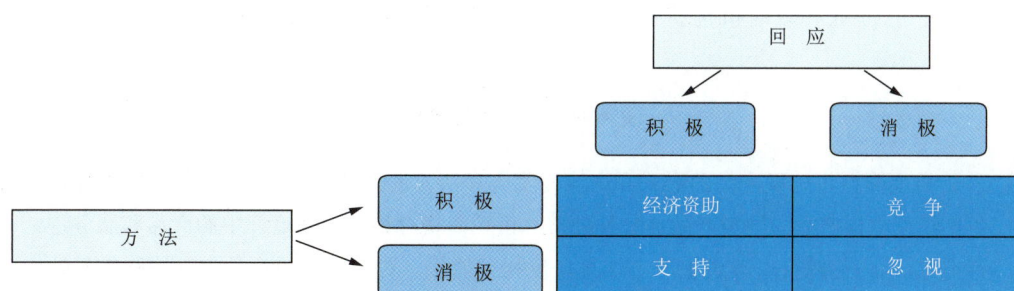

图 8.3 对认证计划的回应

政府支付渔业的私人认证费用可能是推行私人认证最简单和最积极的方法。但是这种方法也会为渔业发展带来问题,因为有人会把它看作是对渔业的补贴,从而可能引发贸易冲突。由于私人认证不是政府行为,所以并未受到国际贸易法的严重质疑——实际上,将世界贸易组织贸易规则应用于私人认证过程的提议已经被提上国际议程。另外,政府机构参与认证系统可能会使问题复杂化。

　　建立一个与私人认证进行竞争的公共认证和标签计划,是政府对私人认证的一种回应,当然这种回应不算是积极的回应。通过建立公共认证和标签计划,政府从自己的角度更好地定义什么是认证、什么是认证目标,以抵制私人认证日益增长的影响和成本。但是,该回应很难取得成功。如果将政府建立的新标签投入市场,会增加消费者的困惑,并且新标签还要投入营销、推广和启动成本。此外,由于政府也是渔业管理者,所以政府建立的标签也属于自我认证——由于显而易见的原因,自我认证意味着其可信度较低,且该标签更关注渔民的利益而非消费者的利益或鱼类种群的福利。

　　渔业管理者建立公共标签以替代私人标签的一个原因是二者在"可持续"一词的定义上存在分歧。例如,渔业生物学家重视鱼类种群数量和产卵种群数量;而经济学家则重视渔船和社会的盈利能力。如何确定应参与"可持续"问题讨论的利益相关者的数量使问题更加复杂化。相反,建立可以确定最低要求和基准机制的渔业和水产养殖认证框架可以解决许多问题。《联合国粮食及农业组织海洋捕捞渔业的鱼和渔产品生态标签指南》(FAO Guideline for the Eco-labelling of Fish and Fishery Products from Marine Capture Fisheries)、《联合国粮食及农业组织水产养殖认证技术指南》(FAO Technical Guidelines on Aquaculture Certification)和《内地渔业认证指南》(Guidelines for Inland Fisheries Certification)已经在建立渔业和水产养殖认证框架方面取得很大进展。

　　政府可以通过提供有力认证框架来促进第三方认证的可靠性和公正性,从而改进认证计划。如果上述认证框架确实可靠,那么私人机构可以施展监测和控制功能(例如监测和控制食品质量,但也日益关注产品可持续性的监测和控制)。如果没有私人机构承担这些工作,政府则应该承担这些监测和控制的费用。

　　通过实施**可追溯**(Traceability)系统,认证系统可促进各方遵守渔业法规。这不仅让个体公司、渔业和政府机构获益,还能嘉奖合法的捕捞行为(文本框8.1)。

文本框8.1　可追溯性

　　可追溯性可确保产品的形式和内容与卖方和买方的协定内容相符,并且可以确保在生产过程中该产品与同类产品被分开处理。供应商将对整个生产过程中的产品和服务进行追踪,因为追踪可以改进生产方法且使流程智能化。对监管链的产品进行追踪的好处如下:

- 食品与安全——帮助追踪产品,并明确产品污染事件的责任所在。有效的产品追踪可减少产品召回,特别是对污染产品的召回,从而降低成本。

- 营销效益——企业可以通过标签对产品进行区分和追踪,例如海洋管理委员会的认证计划就是如此做的。

- 法律要求——例如,法律要求产品说明必须具有准确性,也即确保说明中原产地、生产方式等信息的准确性。

● 贸易要求——确定影响产品质量的责任、关税和其他贸易相关的法规。

● 保险要求——例如所有权证明。

● 技术要求

随着公众对商业利益和产品标签上信息的真实性和可核实性越来越重视,上述渔产品追踪的好处与渔业发展息息相关。

参考文献

Schmidt, C.C. (2000), "Traceability in Fisheries: Consumer wants and government needs: Lessons learned from past experiences", paper prepared for the International Conference on Fisheries Monitoring, Control and Surveillance, Brussels, Belgium, 24–27 October 2000.

政府部门,特别是渔业管理者,不应当忽视私人认证。虽然非政府组织可以在私人认证中发挥积极的作用,但是这些组织都是出于自身利益推动私人认证,然而,渔业管理者必须出于相对广泛的公共利益推动私人认证。政府至少可以通过现有的关于标签和广告的法律和法规参与认证事务。此外,认证和生态标签的具体框架可以提高认证计划的透明度和可信度。例如,英国环境、食品和农村事务部颁布的绿色声明指南(Green Claims Guidance Document)(DEFRA, 2011)在确定认证的法律要求的同时,还对清晰实用的标签进行了宣传。认证部门也可以在确认认证机构资质的过程中发挥作用。

渔业发展中的政策一致性与私人认证

鱼和鱼产品是全球交易量最大的食品(FAO, 2010)。全球鱼和鱼产品供应中有很大一部分通过贸易进行流通,且大部分产品都来自发展中国家。渔业管理者应牢记促进可持续渔业是总体目标,并且管理者应该权衡认证计划对贸易带来的潜在影响——具体说来,就是认证所提供的信息产生的效率收益是否超过认证给发展中国家生产者带来的有限市场准入的影响。

私人标签计划的批判者指出,私人标签计划潜在地扭曲贸易,特别是增大发展中国家小规模生产者加入价值链的难度,他们将认证计划视为不受国际贸易法约束(通常国际贸易法仅适用于政府政策)、由价值链驱动的贸易技术壁垒。虽然一些认证计划的制订者声称认证计划将鼓励各方的广泛参与,但对财政和人力资本的要求限制了发展中国家的参与。因此,生态标签计划可以被视为"绿色保护主义"的一种形式。

也有人认为私人认证是贸易的催化剂,因为投资发展中国家的生产系统使其达到标准,在保护渔业资源的同时也创造了该国在国际市场的机遇(OECD, 2007)。联合国粮食及农业组织研究了认证对产能建设的影响,并且得出以下结论:为适应不同框架条件而量身定做的认证要求可以促进渔业发展中的政策一致性。

《经济合作与发展组织绿色成长宣言》（OECD Declaration on Green Growth）强调，协调国际发展活动非常重要——包括确保贸易和环境政策之间的兼容性，尊重国际上达成一致的诸如"透明度"和"不歧视"的贸易规则——如此一来，可以帮助发展中国家实现绿色成长。认证计划的开发者通过提供各种解决方案来回应：海洋管理委员会已经制订了针对发展中国家的发展中国家计划（Developing World Program），确保即使数据匮乏，渔业也能进行认证，而全球水产养殖联盟（Global Aquaculture Alliance）也已经与小规模渔业渔民密切合作，以提高他们进行认证的能力。

相关术语

认证（Certification）：指认证机构确保食品或食品控制系统符合既定标准的一种程序。

标准（Standards）：指规范渔业实践的规则、指南和特征。该标准组成部分包括：具有法律依据的强制性要求和不具有法律依据的自愿要求。

可追溯性（Traceability）：是指在上岸、加工和销售过程中追踪渔产品的能力，以确保渔产品拥有其宣称的特征。由于可追溯性可以防止舞弊行为，所以它通常是产品认证的一个必要要求。

参考文献

1. DEFRA (Department for Environment, Food and Rural Affairs) (2011), Green Claims Guidance, Department for Environment, Food and Rural Affairs, United Kingdom.

2. FAO (Food and Agriculture Organization of the United Nations) (2010), State of the World's Fisheries, Food and Agriculture Organization of the United Nations, Rome.

3. Nimmo, F. and G. Macfadyen (2010), Cost-benefit distribution and transmission in environmental certification of capture fisheries: A comparative analysis, OECD internal document, Paris.

4. OECD (2011), Fisheries and Aquaculture Certification, OECD Publishing, Paris, http://dx.doi.org/10.1787/9789264119680-en.

5. OECD/Food and Agriculture Organization of the United Nations (2012), OECD-FAO Agricultural Outlook 2012, OECD Publishing, Paris, http://dx.doi.org/10.1787/agr_outlook-2012-en.

6. Schmidt, C. C. (2000), "Traceability in Fisheries: consumer wants and government needs: Lessons learned from past experiences", paper prepared for the International Conference on Fisheries Monitoring, Control and Surveillance, Brussels, Belgium, 24-27 October 2000.

第九章

良好渔业管理的要素与政策自查清单

良好渔业管理的要素

渔业面临着许多挑战。尽管国内和国际渔业管理制度均取得了重大进展,但仍有相当一部分的全球鱼类种群仍然处于枯竭或过度捕捞状态,许多渔业的捕捞能力明显过剩。政策制定者和渔民越来越意识到采取行动开展有效渔业管理的紧迫性和必要性。但发展可持续性渔业的道路注定不是一帆风顺的。为了达到这一目标,渔业管理者必须挑战旧的和先入为主的观念,接受新的观念,并邀请新的利益相关者共同参与渔业管理。渔民就业和收益的短期问题必须与可持续性发展的长期性相平衡。如果不按照这个思路开展渔业管理,渔业必将招致产业崩溃、无鱼可捕的灾难,且将永远无法从灾难中恢复。

本手册借鉴了经济合作与发展组织十年来的渔业工作总结,系统梳理了渔业面临的挑战及相对应的解决措施。上述概念的梳理都基于这样一种观点:采用连贯一致的渔业管理原则可以带来巨大的好处。在这些原则中,利用市场工具解决渔业问题是非常重要的一项渔业管理措施;建立一个开放和包容的政策制定过程是同样重要的一项渔业管理措施。对许多国家来说,这些措施已经耳熟能详,而另外一些国家则正在努力将这些措施纳入其渔业管理系统中。

经济合作与发展组织成员国以及非经济合作与发展成员国之间的渔业管理情况差别很大。每个国家执行渔业管理的具体特点取决于许多因素,如历史和传统、社会体制、渔业在国民经济中的重要性以及完善管理部门、开展科学咨询、执行监测和控制等的财政能力。鉴于此,下文提出的评论意见和渔业政策自查清单并不适用于所有国家。

渔业管理者和决策者需要把重点放在公共目标上,例如保护重要的生态系统、促进沿海地区的发展、推动经济产业和国家之间的公平、促进可持续和负责任的消费。这意味着,在制定渔业制度时,各方应该进行广泛磋商,同时虑及所有资源使用者、其他渔业相关者以及他们对环境的影响。这意味着要采取"政府一揽子"的视野,明确渔业管理希望实现的目标。衡量渔业管理是否成功的标准是渔业管理是否有效和高效地实现这些目标。在这种新的渔业目标观中,改善渔业资源状况是通向成功道路的重要元素,但不是中心目标。

虽然渔业管理者需要将渔业管理目标的范围扩大到传统范围之外,但在几乎每一种情况下,成功的渔业管理更多地来自鱼类种群的良好管理,而不是来自其他。如果鱼类种群处于健康和多产的状况,且维持在或接近于最大可持续产量,就可以解决渔业管理者面临的大多数政策问题。因此,事实上,我们兜了一个大圈又最终回到了原点:最开始我们认识到渔业管理不仅仅是管理鱼类种群,最后我们又认识到管理鱼类种群仍然是渔业管理者可以做的最重要的事情(文本框9.1)。在许多情况下,如果鱼类种群得到了良好的管理,那么渔业管理者根本不需要制定一些具体的渔业管理政策(换句话说,很多渔业问题会得以自行解决)。

我们如何在实践中实现良好的渔业管理?最重要的是需要认识到经济激励措施的巨大作用。从长远来看,忽视或反对渔业努力量和渔业投资的政策不太可能成功,而且可能损害渔业和渔业资源的基础。基于市场的渔业管理政策了解并善于利用渔民的经济动机,这样的管理政策更善于管理鱼类种群,并使渔业管理的其他方面也变得更容易执行。例如,良好的基于市场的渔业管理政策可以提高渔业的盈利能力,改善能源的利用效率,推进渔产品的质量和适销性,并加快渔船队的调整。并非每一种政策都适用于每一种渔业,基于市场的渔业管理政策可以采取许多不同的形式,每种形式或多或少地包含财产权的六个属性(见文本框4.2)。当以保护手工渔业为目标时,或在监测成本较高的分散型渔业中,基于市场的渔业管理政策可能不太适合。即使执行了以市场为基础的渔业管理政策,制定有效的渔业管理制度也还是必要的。

改革渔业管理和实行以市场为基础的渔业管理政策面临的一个主要障碍来自如何看待鱼类资源。许多人认为鱼是一种公共物品,是一种所有人都可以享用的资源。这种观点是对的,但这样的观点不会带来好的结果。在渔业中建立财产权会引发分配、平等和公平等与合法性相关的问题。这就是为什么执行以市场为基础的渔业管理政策的第一步往往是最困难的。但是,一旦以市场为基础的渔业管理政策得以执行,好处就会变得很明显,就会更支持管理体系的发展。随之,人们就会认识到,将资源的社会效益最大化并不意味着任何希望获得资源的人都应该拥有无限的使用权,而是决策者在制定政策时必须以所有人的最大利益为出发点。

实现有效的渔业管理改革并不容易。本手册认为,良好的渔业管理的第二个主要原则是一个强有力的政策制定过程。在这一过程中,渔业内外的所有相关方均参与,在实现改革与付出改革成本(补偿和配额分配等问题上)之间保持务实的协调,并确定改革的收益和成本。在这一过程中,让渔民组织拥有部分所有权(如配额分配)可以有助于作出更好的决策,同时有助于保持改革之路的畅通——同样可以确保采取侧翼措施,以帮助那些受到负面影响的利益相关方。

渔业管理的政策自查清单

渔业管理中遇到的每一个问题都有其独特的解决方法。但是必须承认,纵观全球,我们遇到的渔业管理问题有很多共性的地方。本手册推荐文本框9.1的"政策自查清单",该清单中推荐的方法和措施对解决全球的渔业管理共性问题有一定启示作用。

文本框9.1　政策自查清单

即使每种渔业问题都有其针对性的解决方案,本手册仍提供大量的普适性经验供渔业管理者参考和借鉴:

● 政策制定和政策改革的初期、中期和后期都需要利益相关者参与,并与他们进行广泛的磋商与协商。只有得到渔民的信任和支持,才能达成开展有效政策制定和改革所需的共识。

● 为减少政策冲突,必须加强与其他政府机构的磋商与协调。改善政策协调一致性可以增加政府目标的可实现性。虽然无法协调所有的政策目标,但是至少可以避免政策冲突所导致的浪费和进展阻碍。

● 建立有效机制以开展上述与利益相关者及政府机构之间的磋商与协调。还需建立沟通渠道以及相应的工作流程。仅仅依靠临时的方案,不仅可靠性差,而且很难维持。除此之外,在没有明确的磋商与协调程序的情况下,利益相关者会努力找到最有政治成效的途径来传达意见,从而绕过渔业管理者,并且让管理者之前所做的努力付之一炬。

● 政策目标的设定要广泛、明确、可衡量且有时限。如果目标不具备上述特点,就无法确保政策的有效性,且无法明确渔业管理的目的。制定政策目标时,渔业管理者必须关注整体社会需求和利益。另外,渔业管理者还需制定明确的目标,开展广泛的磋商,从而最大限度地减少特定社会群体游说带来的影响。

● 根据预期受益人的需求制定政策并将溢出效应最小化。这种根据预期受益人的需求制定政策的做法提高了效益与成本的比率(特别是与政策制定相结合时的比率)。

● 用最小的成本制定政策以达到目的,同时还要避免过度补偿、非必要的开支和浪费,从而大力提高政策的净效益,并节约资源。

● 运用政策设计周期和适应性管理原则开展持续评估和政策调整,从而用最低成本实现最大收益。为了确保效率并避免路径依赖,应衡量政策的影响并评估其有效性。随着时间推移,长期政策方案必须不断进行改进。

● 首先获得鱼类种群管理权,其次评估制定其他策略实现政策目标的必要性。通常情况下,维护最大可持续产量的鱼类种群可以避免种群的额外修复问题。

● 尽可能地运用市场工具。解除对鱼类种群所有权、使用权或交易权的限制,从而实现政策影响力的最大化。对于特定类型的渔业(特别是工业渔业),良好的个体可转让配额体系至少可以提高鱼类种群和渔船队结构的盈利能力、能源效率、质量和适销性。然而,传统的投入控制措施可能会对上述因素产生负面影响。

续文本框

- 分享政策改革带来的收益。渔业资源属于公共产品,在市场体制中,即使把捕捞权分配给渔民,也不会改变渔业资源的公共产品属性。尽管政策制定者可能让权利所有者获得政策改革的大部分利益,但政府仍保留渔业资源"租用权",从而造福所有国民。

- 农村经济问题的解决并不应该利用产业政策,而是应该利用农村发展和其他一般性社会政策,这些措施的针对性和有效性更强,可以避免激励措施的滥用以及渔业盈利能力的损害。

- 优先使用产出控制政策。渔民们试图规避投入控制带来的影响,增加投入控制的成本及操作难度。也就是说,投入控制是渔业管理者锦囊(政策对策)的重要组成部分。例如,通过禁止有害渔具的使用和产卵季节的禁渔,投入控制在渔业管理中发挥着重要作用。

- 鼓励变革。任何产业的发展都需要大量投入资本,运用新技术,并适应全球市场现状。传统渔业社区不依赖于特定大小或类型的渔船,而依赖于一种可持续、有利可图的渔业,该渔业有益于改善社区经济和社会结构。

- 取缔政府的长期资助政策。市场竞争对于真正具有竞争力的经济部门必不可少。燃油税减免、船舶建造及改造补贴等资助政策可能会推迟渔业的有益调整,也可能使政策发展无法持续。相反,鼓励渔业调整及扶持灾难应对的临时支持政策可以让政府资金获得最佳利用。

展望

全球渔业改革正在进行中。通过重建鱼类种群和开展渔业改革使渔业得以高利润、可持续发展的成功案例很多。然而,仍有许多工作留待我们去探索。经济合作与发展组织致力于向全球推荐在实践中被证明有助于发展可持续渔业的政策与管理举措,使可持续渔业能在经济、环境和社会目标之间得到最大限度的平衡。

术语（中文） ①

会计利润（**Accounting Profits**）：即为总收入减去投入成本的值，这个值包含隐含成本（比如船舶所有人／经营者的资本成本和劳动力价值）。

适应性管理（**Adaptive Management**）：指在不确定的状况下进行决策的一种结构化迭代过程，该过程旨在通过体系监控减少不确定性。

产能调整辅助（**或侧翼措施**）（**Adjustment Assistance or Flanking Measures**）：指补偿、支持或加快产业调整进程的政策，该政策特别用于应对政策变化。

配置效率（**Allocative Efficiency**）：指当资源分配使资源最高价值得以实现的状态。主要表现为边际效益与边际成本相等，此时资源重新分配将无法提高社会福利。

储备（**Banking**）：指允许权利持有者推迟使用该权利，或把该权利留待日后用。

受益者补偿原则（**Beneficiary Pays Principle**）：指在政策干预中获利的产业参与者应当为转产转业计划及降低产能计划买单。

借用（**Borrowing**）：指允许权利持有者在特定时间点超过其允许的配额水平进行捕捞，并以下一个渔季减少配额作为代价。

资本流动性（**Capital Mobility**）：指资金进出产业寻求最高回报的能力。

资本充盈（**Capital Stuffing**）：指为了应对捕捞努力量控制政策，对生产投入进行过度投资的状态。

---

① 术语（中文）按照术语（英文）字母顺序排列。

认证（Certification）：指认证机构确保食品或食品控制系统符合既定标准的一种程序。

公共财产（Common Property）：公共财产是一种资源，其规模或特征导致排除潜在受益人从公共财产获利的成本升高。公共财产的主要作用是引发技术的外部不经济，因此，相比较私有产权结构，公共财产会被更多地分配到渔业中（Agnello & Donnelley，1976）。

消费者剩余（Consumer Surplus）：指消费者消费一定数量的某种商品时愿意支付的最高价格与这些商品的实际市场价格之间的差额。消费者剩余的产生基于以下两个前提：消费者的消费意愿随着消费的增加而降低（即边际效益下降）；所有消费的产品均是同一个价格。生产者剩余是指生产者以高于其愿意销售的最低价格销售产品。

示范效果（Demonstration Effect）：指利用其他国家的实践经验来展示改革的好处，从而克服人们对改革的抵制。

远洋渔船（Distant Water Fleets）：指在国家管辖海域外开展捕捞作业的渔船。

经济均衡（Economic Equilibrium）：指经济力量实现平衡的状态。在该状态下，无外部因素影响时，经济变量的价值将保持不变。例如，在竞争的标准模型中，需求数量和供应数量一致时就会实现经济均衡。

产能经济过剩（Economic Overcapacity）：当渔业投资回报低于其他产业投资回报时，称为产能经济过剩。也即：如果投资由渔业转移到另一个产业，能够获得更高的回报。

经济利润〔Economic Profits（Rents）〕：指会计利润与机会成本之差。通常情况下经济收入为零，仅当市场准入受限时才能产生经济租金。

事前影响评估（Ex Ante Impact Assessment）：指在执行改革前对新管理措施下的活动进行分析。该评估为改革提供背景概述，并展现改革措施的潜在影响。

渔业准入协议（Fisheries Access Agreement）：指两个国家间达成的渔业协议，规定一个国家（通常是发达国家）的远洋渔船可以参与另一个国家（通常是发展中国家）的国内渔业生产。

侧翼措施（Flanking Measures）：该调整和补偿计划有助于缓解产业结构调整带来的压力，教育与再培训津贴、延长失业保险、提前退休以及渔船或捕捞许可证回购计划等都属于侧翼措施。

灵活渔业（Flexible Fisheries）：灵活渔业的特点是渔业生产时投入可替代性高。

捕捞控制制度（Harvest Control Rule）：捕捞控制制度将每个渔季的鱼类种群状况与其他捕捞相关的因素联系起来。在该管理制度下，根据预先确定的捕捞条件和规则，制定管理目标下的捕捞水平。

捕捞轨迹（Harvest Trajectory）：指的是对一段时间内的捕捞水平的评估。在确定调整期后选择相应的捕捞轨迹以实现渔业重建。

初期分配（Initial Allocation）：指新的个体配额体系实施时，对渔获量或努力量权利进行分配。

游说（Lobbying）：游说旨在影响政府公职人员，使他们赞成或反对某个和制定规则或法律相关的公共行为。

市场创造（Market Creation）：指建立个体可交易的市场框架。

非关税措施（Non-tariff Measures）：指除限制贸易量关税外的其他政府措施。例如，限制某类产品准入他国国内市场的卫生法规。非关税措施旨在保护国内市场，也可以构成国家监管总框架的一部分。

机会成本（Opportunity Cost）：指放弃下个最佳选择而损失的利润。

路径依赖（Path Dependence）：指当过去的政策对当前或新的政策制定产生重大影响的时候，出现对过去政策依赖的状况。当政策目标发生改变、而政策措施不随之发生改变时，这种依赖就构成一个严重的问题。

政策一致性（Policy Coherence）：指不同的政策部门之间进行协作，从而有助于相关各部门制定出更强大的政策工具与政策产品。为了实现政策一致性，必须寻求不同政策部门之间的协同和互补，并积极解决不同政策领域之间的冲突，从而实现共同目标。

生产者剩余（Producer Surplus）：指消费者以高于其愿意销售的最低价格销售产品，并从中受益。生产者剩余是一种异于企业利润的社会福利措施。

重整支持政策（Re-instrumentation）：指用等效替代方案取代某种形式的资助政策，比如，用收入资助政策取代燃油税优惠，这两种资助政策带来的收入变化是相同的。

标准（Standards）：指规范渔业实践的规则、指南和特征。该标准组成部分包括：具有法律依据的强制性要求和不具有法律依据的自愿要求。

黏性投资（Sticky Investments）：指在非流动性市场中的投资，其价值与资本的机会成本不同。

投入可替代性（Substitutability of Inputs）：指生产过程中一种投入极易被另一种投入所替代（也称投入替代弹性）。

匹配（Tailoring）：指确保政策努力水平与预期结果所需水平之间的匹配（避免过度激励或过度补偿）。

定位（Targeting）：指政策针对特定的接受者，从而最大限度地提高效果并减少不必要的开支。

关税升级（Tariff Escalation）：指对增值产品征收高额关税。该举措可防止发展中国家出口商向市场推广高额附加值的产品。

技术产能过剩（Technical Overcapacity）：当捕捞渔船的潜在捕捞产能大于可捕捞生物量时，称为技术产能过剩。

租用渔业（Tenant Fishing）：指渔民付费使用捕捞权持有者的捕捞权开展渔业活动。

可追溯性（Traceability）：指在上岸、加工和销售过程中追踪渔产品的能力，以确保渔产品拥有其宣称的特征。由于可追溯性可以防止舞弊行为，所以它通常是产品认证的一个必要要求。

可交易性（Tradability）：指进行财产或权利交易的能力。

公地悲剧（Tragedy of the Commons）：指无准入限制地过度开发渔业。一般情况下，是指超出最佳可利用数量的公共财产的利用。

政府总动员措施（Whole of Government Approach）：指协调并运用所有政府行动措施；动员多个政府部门共同解决政策问题，而不是将责任留给某一个政府部门。

术语（英文）

Accounting Profits: Total revenue minus costs of inputs. Includes implicit costs such as cost of capital and labour value of the owner/operator of a vessel.

Adaptive Management: A structured, iterative process of robust decision making in the face of uncertainty, with an aim to reducing uncertainty over time via system monitoring.

Adjustment Assistance: Programs that are established to mitigate the negative impacts of policy reform or hasten its benefits. Also called "flanking measures".

Allocative Efficiency: When resources are allocated in a way that ensures their highest value in use. Characterized by the condition marginal benefit=marginal cost such that resources cannot be reallocated in a way that improves welfare.

Banking: Allowing rights holders to postpone or store a right for later use.

Beneficiary Pays Principle: The idea that industry participants who stand to benefit from a policy intervention to contribute to its costs.

Borrowing: Allowing rights holders to overrun their permissible levels of quota at a given point in time in exchange for a quota reduction in the following fishing period.

Capital Mobility: The ability of money to move in and out of a sector to seek the highest returns.

Capital Stuffing: The tendency for excessive investment in productive inputs in response to regulations reducing fishing effort.

Certification: A procedure whereby certification bodies provide assurance that food or food control systems conform to defined standards.

Common Property: A resource whose size or characteristics makes it costly to exclude potential beneficiaries from obtaining benefits from its use. The principal effect of common property is to create technological external diseconomies resulting in a greater allocation of resources to the fishing industry than would result from a private property right structure.

Consumer Surplus: The amount consumers benefit from being able to purchase a product for a price that is less than the highest price that they would be willing to pay for it. It is based on the idea that willingness to pay decreases as more is consumed (declining marginal benefit), but that there is only a single price for all units consumed.

Demonstration Effect: Using experiences in other countries to demonstrate benefits and overcome resistance to reform.

Distant Water Fleets: Fishing fleets that fish outside their national waters.

Economic Equilibrium: A state of the world where economic forces are balanced and in the absence of external influences the values of economic variables will not change. For example, in the standard text-book model of perfect competition, equilibrium occurs at the point at which quantity demanded and quantity supplied are equal.

Economic Overcapacity: When the return on investment in fisheries is less than that of other sectors. Capital would have a higher return if it were moved from fisheries to another sector.

Economic Profits (Rents): Profits in excess of what is available in the next best option. Economic rents are zero under normal circumstances and only occur when entry to a market is restricted.

Ex Ante Impact Assessment: An analysis of the activity targeted by new measures prior to reform that provides an overview of the context for the reform and gives an idea of the measure's potential impacts.

Fisheries Access Agreements: Agreements between two countries providing for access to the domestic fisheries of one (usually developing) country by the distant water fleet of another (usually developed) country.

Flanking Measures: Adjustment and compensation schemes designed to ease structural change, e.g. education and retraining allowances, extended unemployment insurance, early retirement, and vessel or licence buyback schemes.

Flexible Fisheries: Flexible fisheries are characterised by high substitutability of inputs in the production of fish.

Harvest Control Rule: A decision rule that relates stock status and possibly other factors to harvest for each season. It implies a pre-defined set of conditions and rules for determining the level of harvest based on a specific management objective.

Harvest Trajectory: The evolution of the harvest level over time. The harvest trajectory is chosen to achieve a rebuilt fishery after a defined period of adjustment.

Initial Allocation: The distribution of quantitative harvesting or effort rights made at the time of implementation of a new individual quota system.

Lobbying: To try to influence public officials on behalf of or against public actions such as regulation or legislation.

Market Creation: Establishing a framework through which individuals may trade.

Non-tariff Measures: Government measures other than tariffs that restrict trade flows.

Opportunity Costs: The profit forgone by not choosing the next best option available.

Path Dependence: When past policies strongly influence current or new policy designs. This can be a serious problem when objectives change, but the policy tools do not.

Policy Coherence: Policy coherence means different policy communities working together in ways that result in more powerful tools and products for all concerned. It means looking for synergies and complementarities and filling gaps among different policy areas so as to meet common and shared objectives.

Producer Surplus: The amount that producers benefit by selling at a market price that is higher than the least that they would be willing to sell for. Producer surplus is a social welfare measure and is not the same as profits for a firm.

Re-instrumentation: Replacing one form of support with an equivalent alternative – e.g. replacing fuel tax concessions with an income-support payment that delivers the same change in income.

Standards: Rules, guidelines and characteristics that define practices. Composed of mandatory requirements which have a legal basis and voluntary requirements that do not.

Sticky Investments: Investments that are made in the context of illiquid markets and whose value may diverge from the opportunity cost of capital.

Substitutability of Inputs: The ease with which one input may be substituted for another in a production process (also termed elasticity of input substitution).

Tailoring: Ensuring that the level of policy effort matches that needed to obtain desired results (don't over-incentivize or over-compensate).

Targeting: Directing policy at specific recipients to maximize effect and minimize wasteful spending.

Tariff Escalation: The application of higher tariffs on value added products. This prevents developing country exporters from bringing higher value-added products to market.

Technical Overcapacity: When the potential harvesting capacity of the fishing fleet is larger than the harvestable biomass.

Tenant Fishing: Systems where fishers pay a fee to use the holders' fishing rights.

Traceability: The capacity to track a fish product through landing, processing, and marketing in order to ensure that it possess its claimed characteristics. Traceability is generally a requirement for product certification as it prevents cheating.

Tradability: The ability to trade property or rights to others.

Tragedy of the Commons: Over-exploitation of the fishery through unlimited access. In general, the tendency for common or public resources to be used beyond the optimal amount.

Whole of Government Approach: Using all instruments of government action together in a coordinated manner; involving multiple government agencies in solving policy problems instead of leaving responsibility to a single department.

译者言

《经济合作与发展组织渔业管理者手册》由我在经济合作与发展组织工作时的同事所著，本书的翻译源于我对本书的喜爱，也源于我对同事的承诺。

2012年，我受当时的农业部委派赴经济合作与发展组织工作。我的工作头衔为渔业政策分析师，主要工作是协调农业部与经济合作与发展组织之间关于渔业政策与渔业发展研究之间的合作，也参与经济合作与发展组织开展的国际渔业政策研究项目。

在经济合作与发展组织的工作经历为我之后的专业发展开启了通道。在我工作期间，农业部委派我撰写呈交经济合作与发展组织的英文版中国渔业报告，该报告向全球发布，是各国了解中国渔业政策与渔业发展的权威资讯来源。之后，农业部每两年向经济合作与发展组织提交中国渔业报告，撰写任务则一直由我承担，从而督促我一直关注中国渔业发展，也促使我主持了多项关于中国渔业政策发展、中国渔业产业发展的项目。当我在经济合作与发展组织工作时，我还参与国际渔业政策研究项目，使我对全球渔业政策与渔业发展产生了浓厚的兴趣，近年来我一直在编撰全球重要渔业国家渔业概况，以期为中国与这些国家开展潜在的国际渔业合作提供系统的背景信息。当时，我还参与经济合作与发展组织与粮食及农业组织之间关于渔业发展预测的研究项目，在开展项目过程中，让我深刻认识"绿色增长战略"对可持续渔业发展的重要性。在经济合作与发展组织工作期间，我还参与编纂了《鱼及鱼产品多语种词典》，触发了我对渔业文本翻译的兴趣，近年来，我也参与了各种不同的翻译项目，有些是农业农村部等部委委派的渔业法律文本翻译，有些则是我喜爱的、想要推介给更多中国读者的英文渔业学术书籍的翻译。

《经济合作与发展组织渔业管理者手册》是我在经济合作与发展组织的同事根据多年国际渔业政策研究心得而撰写的一本书，闪耀着他们的智慧。我很喜欢这本书，承诺他们一定把它翻译成中文，使中国读者能更好地领会其所传达的国际渔业管理理念。由于本书涉及很多渔业术语，特别是渔业经济领域的术语，翻译本书将是一项大工程，因此翻译事宜一直被搁置。但当我由于查找资料再次拿起这本书时，我决定把这本好书翻译成中文,推介给更广泛的中国读者。Roger Martini 先生是我在经济合作与发展组织工作时的同事,也是朋友,当我告诉他我的翻译决定时,他非常高兴。在他的协调下,我很快取得了经济合作与发展组织的翻译许可,开始着手本书的翻译。当我进行本书翻译时,我还邀请我的 2017 级硕士研究生徐冉冉开展了平行的机器翻译,我把我的译本给她,让她比对机器译本,她在比较两个译本之后,写出了很有深度的关于渔业科技文本翻译过程反思的翻译实践报告,她和我关于译本的讨论对我准确翻译本书也提供了很多帮助。另外,我的 2021 级博士研究生卢洁和朋友施婧婧也对译本进行了仔细的文字审校,协助我纠正了一些文字错误。

本书翻译完成后,前前后后经过了不下十遍的译后审校,不仅仅由于渔业政策文本的专业性使文本翻译非常困难,而且在措辞选择等方面也都一再斟酌。我想把本书完美地呈现给中国读者,不仅仅内容准确,而且格式规范。但最重要的,我想让中国读者通过本书了解全球渔业管理者正在关注什么,正在如何促进可持续渔业发展。

希望本书能得到中国读者的喜爱。

邹磊磊

2021 年 11 月 30 日

经济合作与发展组织

经济合作与发展组织是一个独特的论坛,在该论坛,经济合作与发展组织的成员国政府一起合作,共同解决全球化带来的经济、社会和环境问题。经济合作与发展组织努力理解并帮助政府对新发展和新问题做出回应(例如公司治理、信息经济和人口老龄化)。该组织为政府提供了一个可以比较政策经验、寻求共同问题解决方案、确定最佳政策实践并协调国内和国际政策的环境。

经济合作与发展组织成员国包括:澳大利亚、奥地利、比利时、加拿大、智利、捷克共和国、丹麦、爱沙尼亚、芬兰、法国、德国、希腊、匈牙利、冰岛、爱尔兰、以色列、意大利、日本、韩国、卢森堡、墨西哥、荷兰、新西兰、挪威、波兰、葡萄牙、斯洛伐克共和国、斯洛文尼亚、西班牙、瑞典、瑞士、土耳其、英国和美国。欧洲联盟也参与了经济合作与发展组织的工作。